U0673741

高等职业院校公共通识课系列教材

劳动教育理论与实践

林向群　段利武　主编

中国林业出版社
China Forestry Publishing House

图书在版编目（CIP）数据

劳动教育理论与实践／林向群，段利武主编.
北京 ：中国林业出版社，2024.12. —（高等职业院校
公共通识课系列教材）. — ISBN 978-7-5219-3028-3

Ⅰ. G40-015

中国国家版本馆 CIP 数据核字第 2025RA4231 号

策划编辑：高红岩　田　苗
责任编辑：田　苗　赵旖旎
责任校对：苏　梅
封面设计：周周设计局

出版发行：中国林业出版社
　　　　　（100009，北京市西城区刘海胡同 7 号，电话 83143557）
电子邮箱：jiaocaipublic@163.com
网址：https：//www.cfph.net
印刷：北京盛通印刷股份有限公司
版次：2024 年 12 月第 1 版
印次：2024 年 12 月第 1 次
开本：787mm×1092mm　1/16
印张：7.75
字数：174 千字
定价：42.00 元

《劳动教育理论与实践》
编写人员

主　　编　林向群　段利武

副 主 编　田　琳

编写人员　（按姓氏拼音排序）

邓正正（辽宁生态工程职业学院）

段利武（云南省林业和草原局）

郭长女（江西环境工程职业学院）

李文志（云南林业职业技术学院）

林向群（云南林业职业技术学院）

刘百川（杨凌职业技术学院）

田　琳（云南林业职业技术学院）

王西洋（广东生态工程职业学院）

徐　露（云南林业职业技术学院）

杨　繁（湖北生态工程职业学院）

杨　柳（云南林业职业技术学院）

张　化（云南林业职业技术学院）

前 言

2020 年，中共中央、国务院印发《关于全面加强新时代大中小学劳动教育的意见》，就全面贯彻党的教育方针，加强大中小学劳动教育进行了系统设计和全面部署。新时代加强劳动教育必须强调以习近平新时代中国特色社会主义思想为指导，落实立德树人根本任务，把劳动教育纳入人才培养全过程，贯通大中小学各学段，贯穿家庭、学校、社会各方面，与德育、智育、体育、美育相结合，把握育人导向，遵循教育规律，创新体制机制，注重教育实效，实现知行合一，促进学生形成正确的世界观、人生观、价值观。实施劳动教育重点是在系统的文化知识学习之外，有目的、有计划地组织学生参加日常生活劳动、生产劳动和服务性劳动，让学生切实经历动手实践，出力流汗，接受锻炼，磨炼意志。

本教材立足职业院校教学实际，将劳动教育的理论与实践相结合，符合学生的认知规律，采用学中做、做中学的方式，注重学生实践动手能力的培养，同时结合农林业行业特点，增加农林业的劳动项目。本教材既可作为全国农林类职业院校劳动教育课程教材，也可作为其他院校的劳动教育参考教材。

本教材结合农林院校劳动教育特点和需要，共包括四个模块十二个项目，其中项目一由邓正正编写；项目二由徐露编写；项目三由田琳编写；项目四由张化编写；项目五由王西洋编写；项目六由郭长女编写；项目七、项目八由刘百川编写；项目九由段利武编写；项目十由杨繁编写；项目十一由林向群编写；项目十二由杨柳编写；附录部分由李文志编写；全书由林向群、段利武统稿和审稿。

本教材在编写过程中引用了许多文献资料，在此向有关作者致以诚挚的谢意。

由于编者水平有限，书中难免存在不妥及疏漏之处，敬请广大读者和专家批评、指正。

编者
2024 年 8 月

目　录

模块一

认识劳动教育

【内容提要】

劳动教育是中国特色社会主义教育制度的重要内容，直接决定社会主义建设者和接班人的劳动精神面貌、劳动价值取向和劳动技能水平。劳动教育是国民教育体系的重要内容，是学生成长的必要途径，具有树德、增智、强体、育美的综合育人价值。实施劳动教育重点是在系统的文化知识学习之外，有目的、有计划地组织学生参加日常生活劳动、生产劳动和服务性劳动，让学生动手实践、出力流汗，接受锻炼、磨炼意志，培养学生正确的劳动价值观和良好的劳动品质。

本模块为认识劳动教育，由走进劳动教育、树立正确的劳动观、弘扬劳动文化三部分构成。认识劳动教育，可以使学生理解和形成马克思主义劳动观，牢固树立劳动最光荣、劳动最崇高、劳动最伟大、劳动最美丽的观念；体会劳动创造美好生活，体认劳动不分贵贱，热爱劳动，尊重劳动者，培养勤俭、奋斗、创新、奉献的劳动精神；具备满足生存发展需要的基本劳动能力，形成良好劳动习惯。

【知识标签】

劳动教育；劳动观；劳动文化

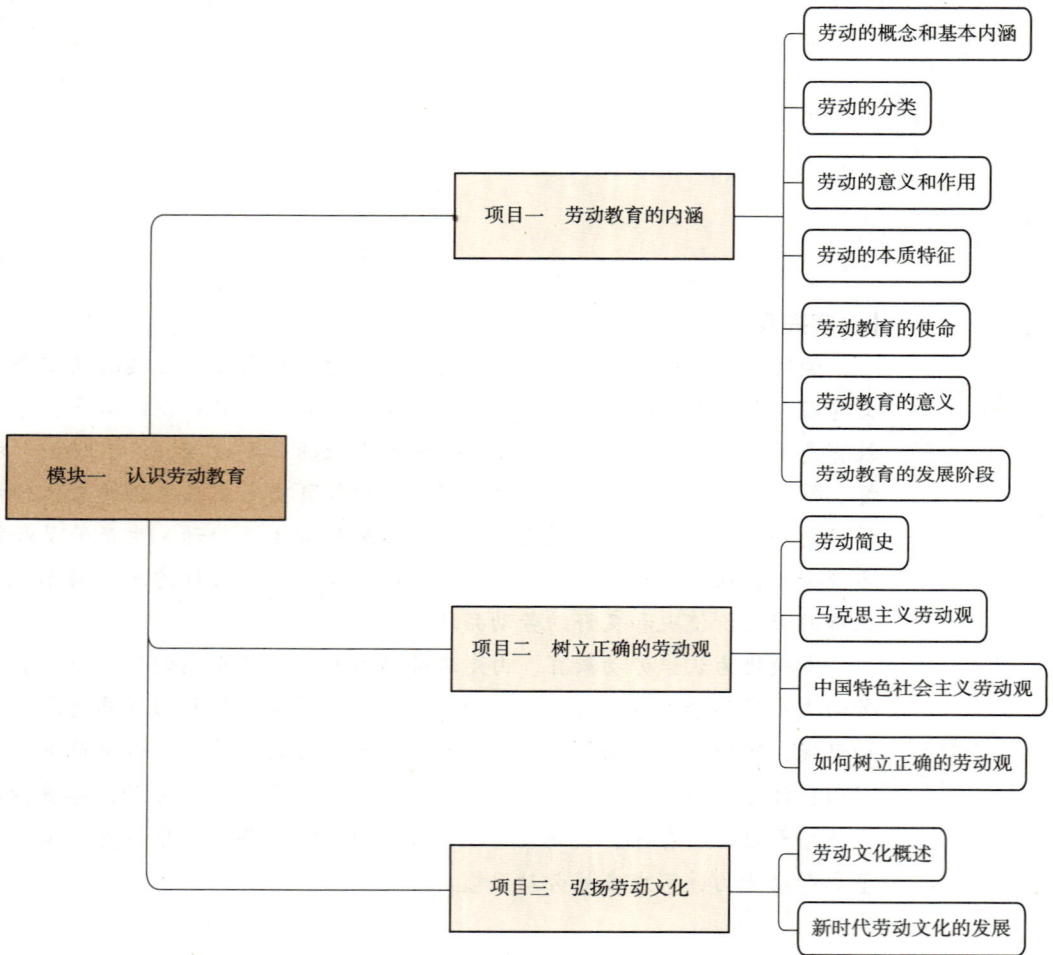

项目一
劳动教育的内涵

◈ **学习目标**

（1）理解劳动的概念和基本内涵。

（2）理解劳动的本质特征。

（3）理解劳动教育的使命和意义。

（4）熟悉劳动教育的发展阶段。

◈ **实践活动**

开展"新时代劳动教育的意义"讨论

一、活动目标

培养学生热爱劳动、尊重劳动的良好品格；培养有理想、重业务、有担当的时代新人；提升学生创造力。

二、活动准备

学生利用课余时间分组，查找相关资料。

三、活动过程

1. 根据班级人数划分小组，以小组为单位开展讨论。

2. 小组梳理讨论结果，形成小组观点。

3. 每组代表进行汇报展示。

4. 教师点评，开展小组评比。

四、活动成果

每组提交一份演讲稿。

◈ **知识链接**

一、劳动的概念和基本内涵

劳动这一概念，最早是马克思在《1844 年经济学哲学手稿》中以人的类本质作为出发点提出的，是马克思主义哲学的基本范畴，在马克思主义哲学体系中占据重要位置。马克思指出，劳动首先是人和自然之间的过程，是人以自身的活动来引起、调整和控制人和自然之间物质变换的过程。历史唯物主义认为，劳动是和人的本质相关联的活动。劳动是人类的本质特征，是创造社会物质财富和精神财富的根源，是推动经济发展和社会进步的重要动力。劳动是指人们为了生产和创造价值而进行的有目的、有组织、有意识的活动。

劳动的内涵体现在创造、改造和服务的过程中。劳动通过创造和改造物质，使人类能够获得更多的产品和服务。劳动是人类智慧和创造力的结晶，也是推动科技进步的动力。通过劳动，人们探索未知、解决问题、改善生活，推动了社会的进步和发展。劳动还体现在为他人提供服务的过程中。人们通过劳动满足他人的需求，实现了互惠互利的社会关系。服务性劳动强调的是为他人着想，通过社会分工和专业化的劳动，每个人能够在自己的领域内发挥特长，为社会作出更大的贡献。

二、劳动的分类

马克思曾以多个方位为视角对劳动的内涵进行分析和明确，对于深刻理解劳动这一概念的实质和核心提供了指导。他将劳动分为：简单劳动和复杂劳动；体力劳动和脑力劳动；具体劳动和抽象劳动；异化劳动和自由劳动；生产劳动和非生产劳动。

从价值分析的角度出发，马克思主义把劳动分为简单劳动和复杂劳动。所谓简单劳动，即"每个没有任何专长的普通人的机体平均具有的简单劳动力的耗费"，而"比较复杂的劳动只是自乘的或不如说多倍的简单劳动"。

从呈现方式的角度出发，马克思主义把劳动分为体力劳动和脑力劳动。体力劳动和脑力劳动与简单劳动和复杂劳动是一对既相互区别又相互联系的概念。简单劳动，通常又称为体力劳动，而"比普通劳动力需要较高的教育费用，它的生产要花费较多的劳动时间，因此它具有较高的价值"的复杂劳动，通常称为脑力劳动。脑力劳动和体力劳动的分工是人类劳动发展到一定阶段出现的。原始社会由于共同体内部不能提供剩余产品，有劳动能力的人都要参加体力劳动，还没有出现专门从事脑力劳动的人。随着生产力水平提高，共同体内部产生了剩余产品，逐渐形成了"从事单纯体力劳动的群众同管理劳动、经营商业和掌管国事以及后来从事艺术和科学的少数特权分子之间的大分工"。从此，脑力劳动从体力劳动中分离出来。随着资本主义的发展，机器大工业把科学技术融入生产过程，导致从事科学技术研发和生产管理的人员从直接生产活动中分离出来，实现了脑力劳动与体力劳动的分离。

从资本主义商品生产的角度出发，马克思主义把劳动分为具体劳动和抽象劳动。"一切劳动，从一方面看，是人类劳动力在生理学意义上的耗费；作为相同的或抽象的人类劳动，它形成商品价值。一切劳动，从另一方面看，是人类劳动力在特殊的有一定目的的形式上的耗费；作为具体的有用劳动，它生产使用价值"。具体劳动各不相同，有质的差别。抽象劳动是"撇开具体形态的一般的无差别"，没有任何质的区别的一般人类劳动。具体劳动和抽象劳动是生产商品的同一劳动的两个方面。

从主客体关系角度出发，马克思主义把劳动分为异化劳动和自由劳动。马克思在《1844 年经济学哲学手稿》中首次提出异化劳动的概念，认为劳动在私有制条件下发生了异化，即人的物质生产与精神生产及其产品变成异己力量，反过来统治人。在资本主义社会中表现为资本奴役劳动、物统治人。这种异化劳动，在为资产阶级创造物质财富的同时，却造成了工人阶级自由本性的丧失。马克思认为异化劳动是受一定生产关系制约的历史现象，将随着资本主义生产关系的灭亡而消灭。

从劳动的自然形态角度出发，马克思主义把劳动分为生产劳动与非生产劳动。生产劳动指创造物质财富的劳动，非生产劳动指不创造物质财富的劳动。其中，生产劳动体现生产关系的本质。原始社会，人们在生产劳动中结成原始的平等互助关系，共同狩猎采集食物，平均分配消费品。奴隶社会，劳动产品出现剩余，奴隶主阶级占有生产资料并完全占有奴隶，毫无人身自由的奴隶完全在奴隶主强制下进行生产劳动，劳动产品全部归奴隶主占有和支配，奴隶只能从奴隶主那里得到最低限度的生活资料。封建社会，农民通过租种地主的土地进行生产劳动，地主通过地租和高利贷等剥削方式占有农民大部分劳动成果。资本主义社会，资本家占有生产资料并无偿占有工人在剩余劳动时间内创造的全部剩余价值，只有生产剩余价值的劳动才被看作是生产劳动。我国社会主义经济制度的基础是生产资料公有制，即全民所有制和劳动群众集体所有制，消灭人剥削人的制度，实行各尽所能、按劳分配的原则。在社会主义初级阶段，国家坚持公有制为主体、多种所有制经济共同发展的基本经济制度，坚持按劳分配为主体、多种分配方式并存的分配制度。中国特色社会主义进入新时代，在中国共产党领导下，劳动是一切有劳动能力的公民的光荣职责，广大劳动者以国家主人翁的态度参加生产劳动。

三、劳动的意义和作用

劳动的意义在于实现个体与社会的共同发展。劳动不仅带来了物质财富和物质生活的改善，还培养了人们的思维、创造和实践能力。通过劳动，个人能够提升自己的技能和知识，获得物质和精神的双重成果。同时，劳动也是社会成员之间相互依赖和合作的基石。社会分工的产生和完善，使每个人可以通过专业化的劳动为社会作出贡献，同时从社会获得回报。劳动使个人与社会的关系密切结合，实现了共同繁荣和发展。

此外，劳动还具有塑造人的品质和价值观的作用。劳动是一种奉献行为，它不仅是为了满足个人的需求，更是为了满足社会的需求。通过劳动，人们能够培养勤劳、刻苦和坚韧的品质，促进人格的完善和成长。从事劳动的过程中，人们还能够培养助人为乐、团结合作和奉献精神等价值观，进一步强化社会责任感和社会意识。

总之，劳动具有多重意义和丰富内涵。它不仅是人类满足生活需求的手段，也是个体与社会共同发展的基础。劳动通过创造、改造和服务的过程，推动社会的进步和发展。同时，劳动还能够塑造人的品质和价值观，促进个体的成长和社会的和谐。因此，我们应该尊重劳动、崇尚劳动，发扬劳动精神，将劳动视为一种尊严和荣耀，为实现个体与社会的共同繁荣而不懈努力。

四、劳动的本质特征

劳动是人的本质体现，是人类为了满足生存和发展而进行的一系列生产和创造活动。它是人类社会存在的基础，也是人类区别于其他生物的重要特征之一。劳动的本质特征主要体现在以下方面。

1. 劳动是人的存在方式

在马克思看来，人的本质即人自由自觉的活动。劳动是一种物质性的、生产性的对象性活动，人通过劳动获得满足其生存需要的物质生活资料，彰显其不同于动物的本能的、创造性的本质力量，从而建构起属人的世界。在《1844年经济学哲学手稿》中，马克思在区分人与动物时提出，"有意识的生命活动把人同动物的生命活动直接区别开来"，人通过"自由的有意识的活动"表明自身的类特性，确证自己是类存在物。换句话说，劳动作为自由自觉的活动是人的类本质。在生产活动中，劳动应是人主动的行为方式，是人主动追求实现人本身价值的行为手段。人通过劳动改变自然，创造属于人自己的物质生活条件。动物不会进行劳动，它所从事的行为，是按照它所属的种的需要和特性来进行构造，动物不具备任何感性意识。生产劳动是人所特有的存在活动，同时也是一种感性活动，人正是在对象化过程中，使自身同自然、同社会发生联系，也正是依靠这种联系，人可以根据自身理性的判断和感性的需求去改造自然、改造世界。由此看出，劳动是人的存在方式。但作为自我创造的活动来说，劳动过程中创造的人的本性和特点不是固定不变的，它是随着生产方式的不断变化而历史地发展的。劳动不是一种机械性的自然活动，而是一个极具自觉性和批判性的过程。人们在自己进行劳动的时候，不仅是按照外部需求完成某种机械性的工作，而是在劳动的过程中产生思考、创新和灵感，从而推动社会、技术、文化等方面的进步。

在人类历史的发展中，通过劳动来创造财富和物质，是人类最主要的生存方式。劳动是为了满足人类自身的生产和生活需求，也是人类社会存在的基础。在这个意义上，劳动是人类社会不可分割的一部分。

2. 劳动是人与自然关系的中介

劳动是一种对象性活动，这种对象性活动体现在人与自然、人与人的关系中。劳动是人的基础存在方式，是社会生活得以开展的基础。人们是在物质生产基础上来构造自身的生存环境，即人类通过物质生产劳动来改造自然以适应自身生存的需要。人们通过劳动这一手段，对向大自然获取的资源加以改造，以形成能满足自身生存发展需要的生存资料。在这一过程中，劳动即成为人与自然关系的中介，是人与自然相互联系的最重要途径。人在劳动中不仅满足基本的生存需要，也在不断唤醒自身的潜能、丰富感觉与经验，并且在劳动中日益精确化、高效地控制人的自然力（劳动器官所表现出的力量）及建立在这种力量基础上的各种活动。此外，劳动也使人的社会生活与纯自然界相区别。自然界中一切生物的生存和发展是按照自身规律进行运动变化的，它们是一种无目的、无意识的运动，并且其发展环境和发展状态不受外界因素干扰，是一种纯自然的发展现象。与此不同的是，人类的社会生活是一种按照人的需求和想法进行改造的实体，是人类的劳动有自觉意识的结果，这种社会的运动变化是有意识、有目的的。至此，在人类和自然的物质能量交换过程中，应遵循自然规律，合理进行劳动生产去改造自然、改造社会。

3. 劳动是人与人相互交往的社会过程

在马克思看来，劳动不是个人的、抽象的，而是内嵌于社会关系之中的社会活动。

"人的本质不是单个人所固有的抽象物，在其现实性上，它是一切社会关系的总和。"人们之间的社会交往是在劳动中形成的。马克思在《关于费尔巴哈提纲》中将人的本质界定为一切社会关系的总和。人虽然在这个世界上是独立个体，但是不能脱离社会而求发展、谋生存。人们的一切社会关系都是通过劳动这一媒介建立起来的。马克思指出："人们在生产中不仅影响自然界，而且相互影响。他们只有以一定的方式共同活动和互相交换其活动，才能进行生产。为了进行生产，人们相互之间便发生一定的联系和关系；只有在这些社会联系和社会关系的范围内，才会有他们对自然界的影响，才会有生产。"换句话说，人们进行的一切物质生产劳动都离不开人与人之间的沟通联系，人是独立的个体，但是他不是孤立的、不是与社会断裂的，脱离人与人之间联系的物质能量交换是不存在的。为了更好地获取生存资料，人们在劳动中实现心灵的契合，他们往往因为目标一致，在参与协作的过程中趋利避害，互相帮助，从而获得更大的经济收益。而那些孤立的个体，往往因为无法与社会取得联系，无法进行有效的物质生产来获取生存资料，无法维持生命活动，最终会被这个社会淘汰。

人们在劳动中产生的关系还有精神层面的。人们在劳动过程中往往能够形成统一的价值观和认同感，是为了获取生活资料来维持生命活动。

4. 劳动创造人类历史

劳动是人类得以生存、发展的基础。人类在自己的生产和劳动活动中作出了重要的历史贡献，正是通过劳动，人类才得以不断地建构和演化自己的历史。人类历史从古至今已经延续了几千年，在这一漫长的岁月长河里，人们无外乎都是通过劳动来获取生活资料，延续生命活动。马克思指出："我们首先应当确定一切人类生存的第一个前提，这个前提是：人们为了能够'创造历史'，必须能够生活……因此，第一个历史活动就是生产满足这些需要的资料，即生产物质生活本身。"可以看出，人类历史的发展延续取决于人类的物质生产劳动。在生产和劳动过程中，人类不断地从自然世界中汲取资源、制造工具和商品，并将其恰当地应用到自己的生产和生活中。这样一来，人类就不断地推动着社会和文明的发展，并创造了一系列的经济、技术、文化和科学发明。劳动引发了劳动分工、生产组织的转变和扩张，以及贸易的发展和市场的开拓，使得人类社会和世界的联系变得越来越紧密。这些历史的变化和发展，不仅反映着人类的智力和创造力，也形成了人类历史的重要篇章。

劳动在创造人类生活的物质基础和生存环境的同时，还创造了从事劳动活动的现实的人。马克思认为人是在劳动实践中形成的。劳动使人从自然状态中脱离出来，形成作为类的人的世界，把人从自然的存在物改变成历史性的存在物，而历史就是人的劳动生活的过程。马克思说过："对社会主义的人来说，整个所谓世界历史不外是人通过人的劳动而诞生的过程，是自然界对人来说的生成过程，所以关于他通过自身而诞生、关于他的形成过程，他有直观的、无可辩驳的证明。"由此可见，历史是由人的劳动创造的，劳动也创造了历史主体的人。

此外，劳动还具有多样性和社会性的特征。劳动形式包括农业劳动、工业劳动、服务业劳动等，具有不同的形式和特点；劳动还需要社会分工和合作，形成劳动者之间的协作和互补关系，推动社会的繁荣和发展。

总的来说，劳动的本质是人类通过创造和改造来获取生活必需品和物质财富的活动，同时也是推动社会进步和个人发展的重要手段。劳动不仅满足了人类的物质需求，还培养了人类的能力和智慧，促进了社会的发展和进步。

五、劳动教育的使命

2020 年 3 月，中共中央、国务院印发《关于全面加强新时代大中小学劳动教育的意见》，其中明确提出：劳动教育是国民教育体系的重要内容，是学生成长的必要途径，具有树德、增智、强体、育美的综合育人价值。并且指出总体目标是：通过劳动教育，使学生能够理解和形成马克思主义劳动观，牢固树立劳动最光荣、劳动最崇高、劳动最伟大、劳动最美丽的观念；体会劳动创造美好生活，体认劳动不分贵贱，热爱劳动，尊重劳动者，培养勤俭、奋斗、创新、奉献的劳动精神；具备满足生存发展需要的基本劳动能力，形成良好劳动习惯。强调实施劳动教育重点是在系统的文化知识学习之外，有目的、有计划地组织学生参加日常生活劳动、生产劳动和服务性劳动，让学生动手实践、出力流汗，接受锻炼、磨炼意志，培养学生正确劳动价值观和良好劳动品质。这一系列表述，充分彰显了劳动教育的时代使命和现实必要性。

劳动教育是国民教育体系的重要内容，是学生成长的必要途径，具有树德、增智、强体、育美的综合育人价值。长期以来，各地区和学校坚持教育与生产劳动相结合，在实践育人方面取得了一定成效。同时也要看到，近年来一些青少年中出现了不珍惜劳动成果、不想劳动、不会劳动的现象，劳动的独特育人价值在一定程度上被忽视，劳动教育正被淡化、弱化。对此，全党全社会必须高度重视，勇担新时代劳动教育的历史使命，采取有效措施切实加强劳动教育。

在我国，新时代劳动教育是中华人民共和国成立以来重要教育方针、教育内容和教育目的的继承与发展。1957 年，劳动教育成为重要的教育方针，与德育、智育、体育辩证结合，旨在培养有社会主义觉悟和有文化的劳动者。改革开放以后，劳动教育以培养自由全面发展的人为目的，展现其在现实关系中多面向、多层次的辩证关系，极大地丰富、发展了劳动教育理论。当前，在步入后工业社会的信息化、数字化时代后，劳动教育的内涵和形式有了迅猛的变化和发展，亟待重新认识劳动教育的主体、内涵、形式、效应，积极对话人工智能教育、生态教育，正确认识德智体美劳"五育"之间的辩证关系。

新时代劳动教育承载着建设新时代教育发展道路的重要使命。2018 年全国教育大会明确提出，新时代劳动教育必须坚持中国特色社会主义教育发展道路，培养德智体美劳全面发展的社会主义建设者和接班人。要弘扬劳动精神，教育引导学生崇尚劳动、尊重劳动，懂得劳动最光荣、劳动最崇高、劳动最伟大、劳动最美丽的道理，长大后能够辛勤劳动、诚实劳动、创造性劳动。新时代劳动教育吸取西方发达国家采取新自由主义和福利国家策略导致劳动教育缺失的经验和教训，根据新时代中国特色社会主义教育发展的实际需要，重视并推动劳动教育，唤醒劳动热情，是塑造劳动文化和劳动精神的必然要求。

消解劳动教育异化是新时代劳动教育的紧迫任务。在新时代，虽然经济、社会和文化的发展为劳动教育的发展创造了有利条件，而且劳动教育在本质上具有消解体力劳动与脑力劳动二元对立的能力，但是新时代劳动教育仍主要出现两方面的异化。一方面是体力劳动教育中身体的异化，没有认识到在哲学、心理学、认知神经科学等领域对身心融合关系的研究获得重大突破的时代背景下，劳动教育的外在化、规训化、去身体化、去自然化等问题忽视了身心统一，以及身体在创造亲知知识、个人知识、实践智慧、道德品质等方面独特而巨大的作用；另一方面是脑力劳动教育中精神的异化，轻视信息化、数字化时代对脑力劳动提出的更新更高的要求，忽视探究新时代劳动教育的物化、时空异化、自我异化和社会异化等问题，排斥劳动及其教育的精神属性、文化属性和交往特性，以及劳动过程中劳动人民创造的大众文化的价值和新时代数字文化创意的意义。

科学认识和发展新时代劳动教育必须继续坚持马克思主义及现当代马克思主义的唯物辩证法，根据新时代物质生产和生活的主要矛盾，尤其是作为第一生产力的科学技术带来的社会主要矛盾的时代变化，客观地、深入现实地认识和把握劳动教育的变化和发展，探究劳动教育如何创造并实现生态文明、物质文明、精神文明和社会文明的现实、历史和具体的统一。

总之，劳动教育的使命是帮助学生树立正确的劳动观念，培养良好的劳动习惯和劳动精神，提高他们的劳动技能和能力，促进他们的全面发展和社会责任感的培养，同时促进人与自然和谐发展。

六、劳动教育的意义

马克思关于劳动的存在论的理解，为劳动教育确立了基本的价值遵循。坚持劳动教育是马克思主义劳动观的继承和发展，是植根于中国人内心的民族基因，劳动教育直接决定社会主义建设者和接班人的劳动价值取向、劳动精神风貌和劳动素养水平，助推中华民族伟大复兴中国梦的实现。

中国共产党继承并创新性发展了马克思主义劳动观，将教育同生产劳动相结合的基本原则融入不同时期党的教育方针之中。劳动教育是中国特色社会主义教育制度的重要内容。《关于全面加强新时代大中小学劳动教育的意见》（以下简称《意见》），强调把劳动教育纳入人才培养全过程，着力培养德智体美劳全面发展的社会主义建设者和接班人，积极引导大中小学生做有理想、有本领、有担当的时代新人，科学地回答了教育要"培养什么人""怎样培养人""为谁培养人"的根本问题，丰富了新时代中国特色社会主义教育目标体系，是深化教育改革、转变育人方式的重大举措。党的二十大报告中指出"人才是第一资源"，全面建成社会主义现代化强国，实现民族复兴，需要锻造一支德才兼备的高素质人才队伍，劳动教育是实现人才强国的重要途径。

1. 培养有崇高理想的时代新人

"十年树木，百年树人。"劳动教育对于高校落实立德树人的任务具有巨大的推动作用，有利于促使学生达到"明大德、守公德、严私德"的要求。新时代劳动教育引导学生通过劳动实践认清劳动的本质、理解劳动的内涵，形成正确的世界观、人生观和价值观，增强社会责任感，将个人发展与国家的繁荣强盛紧密结合在一起，把坚定马克思主义信念、树立共产主义远大理想和中国特色社会主义共同理想作为出发点和落脚点。《意见》明确指出，劳动教育要鼓励学生通过动手实践、出力流汗，接受锻炼、磨炼意志来形成正确的劳动价值观和良好的劳动品质，形成马克思主义劳动观。努力使学生在劳动实践中树立劳动意识、培养劳动情怀，养成热爱劳动、崇尚劳动、尊重普通劳动者的习惯，在劳动体验中涵养德行、升华人格，充分发挥其价值导向和综合育人功能。

2. 培养有专业本领的时代新人

伴随生产力的发展和社会的进步，社会分工日益细化，产业门类更加多元，劳动形态发生重大变革，劳动新业态、新样态日渐增多。时代的发展和劳动力结构的变化既为大中小学生施展才华、成长成才提供了广阔的空间，也对全面提高大中小学生的劳动素质提出了更高要求。

新时代劳动教育把劳动与建设中国特色社会主义相联系，深刻印证了"社会主义是干出来的，新时代也是干出来的""实干才能兴邦"的道理。广大学生只有练就过硬本领，成为知识型、技能型、创新型的高素质劳动者，才能担当起社会主义建设重任。新时代劳动教育以提升学生劳动素养、促进学生全面发展为培养目标，强调与提升劳动者综合素质相关的知识、技能、思维等的学习，强化诚实合法的劳动意识，培养科学精神，提高创造性劳动能力，着力提升学生综合素质，促进学生全面发展、健康成长。做到学思用有机结合，提升本领能力，为将来走向社会、创造未来奠定基础。

3. 培养有责任担当的时代新人

依靠劳动为人类谋福利是马克思主义劳动观的重要思想。新时代承载新使命，新使命呼唤新担当。习近平总书记强调，要培养担当民族复兴大任的时代新人。在实现中华民族伟大复兴的新征程上，每个大中小学生都是书写者、创造者。《意见》为新时代劳动教育的实施描绘了蓝图，引导大中小学生理解、认同马克思主义劳动观和中国特色社会主义劳动教育实践，鼓励学生通过辛勤劳动、诚实劳动、创造性劳动及职业体验和各种实习实训，在实践中学习，在担当中历练，在尽责中成长，强化使命担当，增强社会责任感和历史使命感。《意见》明确要求，要把准劳动教育价值取向，引导学生树立正确的劳动观，崇尚劳动、尊重劳动，增强对劳动人民的感情，报效国家，奉献社会，树立正确择业观，具有到艰苦地区和行业工作的奋斗精神，懂得空谈误国、实干兴邦的深刻道理，做新时代的奋进者、开拓者和奉献者。

4. 劳动可以促进学生的全面发展

劳动教育与德育、智育、体育、美育共同构成我国教育体系的五个方面，这五个方面虽各有侧重点，但对人的发展都有其独特的教育意义。其中，通过劳动教育使学生能够理解和形成马克思主义劳动观。

因此，劳动教育与其他"四育"有所区别，它不仅包含体力劳动，也包含脑力劳动，并结合实际动手操作，既可以健体，又能够促进学生的全面发展。同时，劳动与知识学习不同，一般在劳动结束以后，学生就会收到相应的劳动成果，可使学生的成就感与获得感得到及时满足,这对学生心理的发展也具有积极的意义。通过劳动,学生能够亲身体会到其他劳动者的不易,并懂得在生活中要更加尊重劳动者、珍惜劳动成果。更重要的是,劳动是一项社会性的活动,尤其是生产性劳动、服务性劳动,需要与他人沟通、合作完成,而学生参与劳动的过程,也是其社会性发展的过程。这对学生体悟劳动的意义,感受生活之美有积极的促进作用。

理解新时代、适应新时代,才能引领新时代。站在新的历史方位,精准把握新时代劳动教育的内涵、特征和价值,增强劳动教育的实效性,促进大中小学生在热爱劳动、尊重劳动的社会氛围中健康成长,是顺应时代发展变化的应然之举,是培养德智体美劳全面发展的社会主义建设者和接班人的应有之义。

总之,劳动教育具有多方面的意义,它可以促进人的全面发展、增强体质、培养意志品质、促进智力发展、培养责任感、促进社会发展和培养勤劳精神等。通过劳动教育,人们可以更好地认识自己、认识社会、认识世界,为实现自己的人生价值和社会的进步作出贡献。

七、劳动教育的发展阶段

尊崇劳动、热爱劳动是中华民族的传统美德和重要育人理念。中华人民共和国成立 70 多年来,我国劳动教育在探索中不断前进。劳动教育的发展阶段可以根据不同的历史时期和背景进行划分。

1. 劳动教育的初级探索阶段(1949—1956 年)

中华人民共和国成立初期,国家建设百废待兴,为适应国家政治、经济和社会发展需要及满足农业、工业生产需求,我国教育工作者的主要任务是以汲取老解放区的教育经验为基础,借鉴以苏联为主的国外经验和模式,改变旧教育,建设适应社会主义建设的新教育。

(1)劳动教育与生产劳动相结合

马克思主义认为教育与生产劳动相结合是促进人的全面发展的必然选择,是造就全面发展的人的唯一办法。马克思主义高度肯定了教育与生产劳动相结合所具有的重要价值。劳动教育的目的除了促进教育与生产劳动更好地结合外,还培养学生的劳动能力和劳动技巧。1949 年 12 月,第一次全国教育工作会议提出了坚持教育为工农服务、为生产建设服务的方针。1951 年,《关于改革学制的决定》提出,各级各类学校应提倡实施教育与生产劳动相结合。同年,中国教育工会第一次全国代表大会讨论了教育与生产劳动相结合的问题,对我国教育工作方针及目标提供了意见与建议,提出中小学教育中应突出劳动教育的重要地位。

(2)开设生产劳动课程

党和国家将劳动教育纳入课堂教学体系,以中小学开设生产技术课为主要形式。1950 年,教育部颁布《中学暂行教学计划(草案)》和《小学课程暂行标准(初稿)》,对课程进行具体安排。1952 年,《中学暂行规程》提出,以理论联系实际为一切教学的原则,同时也指出了实施劳动教育教学的途径。同年,教育部颁布《"四二"旧制小学暂行教学计划》,

规定小学的美工课包括图画、劳作等内容，但劳动教育整体课程设计缺乏创新性，针对小学生教授的内容、专业性有待提升。1954 年，《关于改进和发展中学教育的指示》指出，劳动课应与课堂教学相配合，体力劳动要与脑力劳动相结合。1955 年 9 月，教育部颁布《小学教学计划及说明》和《关于执行小学教学计划的指示》，明确小学 1～6 年级每周开设一节手工劳动课，使学生获得一些基本的生产知识，学会使用一些简单工具。1956 年《关于普通学校实施基本生产技术教育的指示（草案）》要求，为了使普通教育工作和整个社会主义建设相适应，必须实施生产技术教育，对教育与生产劳动相结合的标准作了进一步规范。同年，教育部颁布《关于 1956—1957 学年度中小学实施基本生产技术教育的通知》，对各级各类学校的劳动技术课课时与具体目标都作了明确规定，突出了生产技术教育的重要性和课外活动的辅助性作用。

2. 劳动教育的不断探索与曲折发展时期（1957—1977 年）

中华人民共和国成立以后，随着国家经济的恢复和重建，我国教育事业取得了飞速发展。

（1）劳动教育服务于思想改造的阶段目标

1956 年底，"三大改造"完成，各项事业开始稳步发展。随后，教育与生产劳动相结合的教育方针得以正式确立。劳动教育是有关政治思想教育和社会品德教育的关键内容。通过引导学生全面学习劳动技能和工作纪律，有助于提高学生的思想道德水平，加强其道德修养，提升其工作能力和综合素质，强调了劳动教育的政治服务功能。

（2）将劳动教育列入正式课程与提倡勤工俭学

一是劳动教育纳入正式课程。1957 年颁布《关于加强中小学毕业生劳动生产教育的通知》和《关于 1957—1958 学年度中学教学计划的通知》，正式提出应通过课堂教学开展劳动教育。1958 年，《关于教育工作的指示》指出："党的教育方针是教育为无产阶级的政治服务，教育与生产劳动相结合。"同时，还规定在一切学校中，必须把生产劳动列为正式课程。每个学生必须依照规定参加一定时间的劳动。1958 年《关于 1958—1959 学年度中学教学计划的通知》颁布，对初中、高中劳动教育的每周课时、具体内容做了细致的规定，其颁布与实施，确立了劳动技术课在我国基础教育课程史上的正式地位。1960 年以后，国家相继出台一系列教育政策、方针和法律，如《教育部直属高等学校暂行工作条例（草案）》（1961 年）、《全日制中学暂行工作条例（草案）》（1963 年）、《全日制小学暂行工作条例（草案）》（1963 年）等，都详细规定各年级学生参加生产劳动的目的、时间及实践方式等，强调生产劳动课在学校教学计划的重要作用。

二是勤工俭学活动兴起。随着我国教育事业飞速发展，办学规模不断扩大，学生数量的上涨，国家财政已经无法无限制地增加学生助学金。1957 年，经全国调查发现，很多家庭也无力支撑子女的上学费用，造成中小学生升学难的问题。在此背景下，提倡勤工俭学，学生依靠自己的劳动来赚取部分生活和学习费用。1958 年，教育部召开第四次全国教育行政会议，肯定了勤工俭学在实现劳动教育和生产劳动结合方面的特殊意义，为接下来各地区各学校积极引导学生参与勤工俭学活动提供了有力指导。勤工俭学活动不仅为开展劳动教育奠定了社会基础，也成为建设社会主义的重要途径。

这段时期，毛泽东等党和国家领导人高度重视劳动教育问题。劳动教育最显著的特征是强调教育与生产劳动相结合，注重生产劳动的实用性，教学注重生产常识的培养与劳动技能的养成，劳动教育贯穿到各级各类学校的教育教学中。

3. 劳动教育的重塑与探索革新时期（1978—1999 年）

改革开放后，教育事业与人才培养进入了新的发展阶段。1978 年，党的十一届三中全会作出"把全党和全国人民的注意力转移到社会主义现代化建设上来"的指示，正式开启了中国社会主义现代化的伟大事业征程。党的十二大将"中国式"改为"中国特色"，形成了中国特色社会主义现代化的科学概念。中国特色社会主义现代化是顺应世界发展趋势、基于社会主义初级阶段、具有中国特色的现代化，是"中国""社会主义""现代化"的有机统一，是中国发展生产力、追赶世界的新起点。政治以经济为基础，当时最大的政治背景是现代化，高校劳动教育要服从和服务于社会主义现代化事业，回应现代化建设的需要，紧跟世界科技的前沿，加强对大学生现代知识、现代技术和社会主义观点的培育，促进人的现代化与社会的现代化协同发展。

（1）劳动教育为社会主义现代化服务

1977 年，全国高等学校招生工作会议恢复了高考招生制度，奏响了高等教育制度的改革前奏；1978 年，邓小平在全国教育工作会议中强调现代化经济的发展离不开教育事业的支撑，提高教育质量，坚持教育与生产劳动相结合的原则，教育方法不可一成不变，体现创新意识是关键。1985 年，全国教育工作会议发布了《关于教育体制改革的决定》，指出社会主义现代化建设的宏伟任务，就是大规模地准备新的能够坚持社会主义方向的各级各类合格人才，并造就数以亿计的工业、农业、商业等各行各业有文化、懂技术、业务熟练的劳动者。为了把劳动教育课开好，按照《关于普通中学开设劳动技术教育课的试行意见》（1982 年）、《关于教育体制改革的决定》（1985 年）和《中国教育改革与发展纲要》（1993 年）的要求，劳动教育必须与经济建设和科技密切结合，推动社会主义现代化建设。1995 年，《中华人民共和国教育法》的颁布表明我国教育事业的发展有了强有力的法律保障，教育的发展越来越正规化、法制化。《中华人民共和国教育法》中的第五条规定："教育必须为社会主义现代化建设服务，必须与生产劳动相结合，培养德、智、体等方面全面发展的社会主义事业的建设者和接班人。"《全日制普通中学开设劳动技术课教学大纲（试行稿）》《现行普通高中教学计划的调整意见》《全日制普通中学开设劳动技术课教学大纲（试行稿）》《现行普通高中教学计划的调整意见》《关于加强普通中学劳动技术教育管理的若干意见》等都指出在学校劳动教育课程中加强劳动技术教育的重要性，劳动教育内涵也逐渐向关注学生综合能力方面转变。

（2）开设劳动技术课

现代经济技术的发展，需要适时调整劳动教育的内容，以适应经济、社会发展的需要。1981 年，教育部颁布《全日制六年制重点中学教学计划（试行草案）》，规定将劳动课改为劳动技术课。1982 年，教育部颁布《关于普通中学开设劳动技术教育课的试行意见》，提出了开设劳动技术教育课程的目的、意义和原则，指出劳动技术教育是中学教育不可缺少的组成部分。开展劳动技术教育是中学教育不可缺少的组成部分。由此，劳动教育的内涵不断丰富，获得了长足发展，劳动教育在该形势下逐步完善其内容。1987年，《全日制普通中学开设劳动技术课教学大纲（试行稿）》对初中及高中每天、每学年课时数作了相关规定。此后颁布的《全日制小学劳动课教学大纲试行草案》（1987年）、《义务教育全日制小学、初级中学教学计划（试行草案）》（1988年）、《现行普通高中教学计划的调整意见》（1990年），均强调学生参加劳动和社会实践的时间应纳入教学计划之中，要不断制度化、规范化。

（3）劳动技术与素养教育相结合

1987年，《"七五"期间全国教育科学规划要点》首次提出将劳动教育与德育、智育、体育、美育并举，劳动教育的内容也应与其他学科相互贯通、相互联系。1997年，党的十五大报告提出要培养德智体美劳全面发展的接班人和建设者，劳动教育成为培养人全面发展的重要内容，旨在提高学生的综合素养，加强对学生劳动综合能力与劳动素养的教育，引导学生热爱劳动，尊崇劳动，崇尚劳动，明白劳动创造财富，劳动精神的伟大，劳动人民的辛劳，劳动教育政策的重心是提高学生综合素养，培养社会主义建设的综合性劳动人才，实现人的全方位发展。1999年，《关于深化教育改革全面推进素质教育的决定》提出，教育与生产劳动相结合是培养全面发展人才的重要途径，强调各级各类学校要加强和改进对学生的生产劳动与实践教育，同时积极提供条件，扭转应试教育，从德智体美劳等方面来推动素质教育的实现。

4. 劳动教育政策整合发展与全新建构时期（2000—2011年）

2001年《关于基础教育改革与发展决定》和《基础教育课程改革纲要（试行）》等一系列文件颁布后，我国加大对基础教育与素质教育工作开展的力度，劳动教育作为素质教育的重要内容，在新时期被提高到一个新的高度，党和国家关于劳动教育的论述逐渐详化，这表明劳动教育在21世纪获得全新的发展机遇，时代也赋予劳动教育新的活力与内涵。2000—2011年我国劳动教育发展与改革的重点在于为国家综合实力提升培养高水平、高素质的人才。2010年《国家中长期教育改革和发展规划纲要》（以下简称《纲要》）明确提出，加强劳动教育，坚持以人为本，全面实施素质教育。《纲要》的出台将劳动教育与教育改革发展相联系，劳动教育与素质教育共同致力于个体的全面发展。

（1）劳动教育关注学生全面发展

2000—2011年，我国劳动教育政策处于建构性制度微调阶段，劳动教育政策的主要内容是以促进人的全面发展为主。《基础教育课程改革纲要（试行）》（2001年）中强调大中小学劳动教育中开设综合实践活动课的重要性，综合实践课是对学生进行多方面综合教育的一种课程，它注重学科间的教学渗透，又将不同学科、不同活动融合起来，旨在提高新时代学生的综合能力；并且将劳动技术教育课作为学校课程的必修课程之一，加强对学生的劳动技术教育，提高学生的综合能力，增强学生的综合素养，帮助学生掌握基本的劳动技能，更好地丰富劳动理论成果，指导劳动实践活动，为社会发展培养专业化的技术型人才。《国家中长期教育改革和发展规划纲要》提出，培养学生热爱劳动、热爱劳动人民的情感。劳动情感教育旨在培养学生对劳动和劳动人民的真挚情感，从而树立对劳动的崇尚，对优秀劳动楷模的敬佩。参与劳动实践是劳动人民之间增进感情的关键步骤，在劳动实践中感悟劳动、热爱劳动、崇尚劳动。21世纪的劳动教育不仅要重视学生全面发展，更要培养学生对劳动的情感，将对劳动和劳动者的情感教育作为劳动教育的重要内容。

（2）开设综合劳动课程

2000—2011年的劳动教育政策文件都表现出加强中小学劳动教育对个体全面发展和教育事业发展的重要性。2001年《关于基础教育改革与发展的决定》的颁布体现了我国劳动教育政策是动态发展的，在不同时期都具有一定的时代韵味，劳动教育在内涵价值、内容体系、课程设置、实施途径上有了新的突破。在实践过程中教师要积极引导学生形成对自身价值的认同感、强化自身角色意识。劳动教育政策的颁布不仅是面向学生，也面向社会成员。劳动教育的开展有助于个体健全人格的形成，有利于弘扬传统劳动精神，有助于良好社会氛围的营造。

5. 新时代发展时期（2012年至今）

2012年，党的十八大的召开标志着中国特色社会主义进入新时代，教育也迎来自身改革与发展的新时期。党的十八大以来，习近平总书记关于教育的重要论述不断深化，他多次强调，教育最首要、最关键的问题在于培养什么样的人，怎样培养人，为谁培养人。指出必须在素质教育的引领下，全面推进落实立德树人教育方针，为社会主义建设培养德智体美劳全面发展的人才。在稳步推进综合素质评价的前提下，劳动教育也被提到一个新高度，劳动教育是素质教育在新时代提出的新要求，也是新时代教育的命题。

2012年以来，习近平总书记关于教育的重要论述不断得到深化，劳动教育也在这一时期迎来自身发展的全新阶段。2015年《教育部 共青团中央 全国少工委关于加强中小学劳动教育的意见》提出，充分发挥劳动教育综合育人功能，以劳树德、以劳增智、以劳强体、以劳育美、以劳创新，促进学生德智体美劳全面发展，抓好劳动教育的关键环节，落实相关课程，开设综合实践活动中的劳动与技术教育课。2017年《中小学综合实践活动课程指导纲要》颁布，对综合课程的性质与基本理念、课程目标、内容及活动方式作了详细规定，但是在开展过程中由于师资队伍质量参差不齐，对课程目标理解各异，课程实施困难，效果有待提升。2018年，习近平总书记在全国教育大会上强调，教育要培养德智体美劳全面发展的建设者和接班人，劳动教育作为教育风向标再次引发社会和学者关注。习近平总书记通过对马克思主义劳动观全面而深刻的诠释，赋予劳动教育新的意义和在新时代下的新指示，意味着我国劳动教育的理念与实践升华到了一个新的高度。2020年《关于全面加强新时代中小学劳动教育的实施方案》中表明，将劳动素养纳入学生综合素质评价体系，制定评价标准，建立激励机制，组织开展劳动技能和劳动成果展示、劳动竞赛等活动，全面记录课内外劳动过程和结果，加强实际劳动技能和价值体系情况的考核。强调家庭、学校、社会等层面应共同承担起学生劳动教育工作的责任，加强对学生劳动素养的教育，重视劳动教育，提高学生的综合素养，促进学生的全面发展。劳动教育的内容以以人为本为原则，提高学生的综合能力，这是教育的根本目的，也是新时代崭新的命题。同年，《中共中央 国务院关于全面加强新时代大中小学劳动教育的意见》提出，要培养学生艰苦奋斗、勤俭节约、敢于创新、无私奉献的劳动精神，防止出现劳动价值观教育偏差，导致学生劳动价值观扭曲，劳动奉献意识淡薄的问题，传播与弘扬伟大劳动，帮助学生良好品质的塑造。习近平总书记强调：全面建成小康社会，进而建成富强民主文明和谐的社会主义现代化国家，根本要靠全国各族人民辛勤劳动、诚实劳动、创造性劳动来实现。

在党的十八大报告中，突出强调了营造劳动光荣、创造伟大的社会氛围，加快确立人才优先发展战略布局，推动我国由人才大国迈向人才强国。党的十九大报告中指出，我国发展进入社会主义新时代的历史方位，新时代要建设知识型、技能型、创新型劳动者大军，弘扬劳动精神和工匠精神，营造劳动光荣的社会风尚。2020年，习近平总书记在全国劳动模范和先进工作者表彰大会上的讲话再次强调：要开展以劳动创造幸福为主题的宣传教育，把劳动教育纳入人才培养全过程，贯通大中小学各学段和家庭、学校、社会各方面，教育引导青少年树立以辛勤劳动为荣、以好逸恶劳为耻的劳动观，培养一代又一代热爱劳动、勤于劳动、善于劳动的高素质劳动者。光荣属于劳动者，幸福属于劳动者。当代大学生要勤于创造、勇于奋斗，努力在全面建设社会主义现代化国家新征程上创造新的时代辉煌、成就青春梦想。

项目二
树立正确的劳动观

项目二

◈ **学习目标**

（1）认识劳动教育的发展阶段，了解劳动简史。

（2）认识马克思主义劳动观，树立正确的劳动观。

◈ **实践活动**

开展劳动观讨论

一、活动目标

了解劳动的丰富含义，用正确的劳动观指导实践，在学习中掌握专业劳动技能，在劳动实践中成长成才。

二、活动准备

将学生进行分组，提前布置任务，查阅劳动的发展等相关资料。

三、活动过程

1. 观看视频《技能之星——宋彪》，结合自身实际谈谈观看后的感悟及个人对劳动的认识。

2. 分组讨论并形成小组统一观点，推选代表发言。

3. 教师对小组观点进行点评。

四、活动成果

每组的汇报总结材料。

◈ **知识链接**

一、劳动简史

马克思说："任何一个民族，如果停止劳动，不用说一年，就是几个星期，也要灭亡。"人类社会的发展史，就是一部劳动史。从古至今，人类都通过劳动创造着自己的文明进程，劳动经历了从简单化一到多样复杂的过程，随着时代的发展不断进步和创新。

1. 原始文明到农业文明的劳动

在原始社会，人们靠采集、狩猎、畜牧等维持生计，劳动融于自然，劳动内容和形式无序而简单。经过长期发展，人类在劳动中开始使用和创造劳动工具，发展了耕作、种植、养殖等技术，劳动内容日渐丰富，劳动变得有规律、有组织。城邦、国家及阶级的出现，不仅更进一步地强化了有规律的劳动，将劳动变得有组织性，还扩展了劳动的功能和目的，并逐渐开始分化劳动付出的不同形式，将劳动变得有分工。如我国古代统治者和思想家将劳动分为脑力劳动和体力劳动。孟子主张劳动要分工，提出"劳心者治人，劳力者治于人"的观点，契合了统治者的思想，被历代统治者沿用。

2. 工业文明的劳动

随着社会的进步发展，人类劳动不断向更加复杂的领域延伸，科技进步和工业时代的到来，一方面确实解放了生产力，降低了劳动中体力所占的比重；另一方面劳动的组织性和纪律性得到史无前例的加强。大机器的出现产生了劳动异化现象，当人们进入工厂劳动时，体力劳动与脑力劳动的分界更甚，马克思从劳动价值论方面，揭示了资本家对工人的劳动剩余价值掠夺的真相，呼吁广大劳动工人团结起来与之抗争。

3. 现代文明的劳动

在现代工业化的生产模式下，生产技术更新换代，完善的社会分工提高了劳动效率，人们在劳动实践中总结出了丰富的经验，通过各种工具、依托先进的科学技术，生产出更多的产品和服务，劳动方式也更加智能化和现代化。

劳动是中华民族的传统美德，中华民族历来勤于劳动、善于创造、敢于奋斗。正是继承和发展了勤劳的优良传统，我们才能够依靠自己的双手，创造着自己的幸福生活。中国特色社会主义新时代，科技的发展、社会的进步、人民生活方便快捷……我们创造出的一个个奇迹都是辛勤劳动开出的绚烂花朵。我们大力弘扬劳动精神、劳模精神和工匠精神，在平凡的劳动中创造不平凡的奇迹，共同携起勤劳的双手创造更美好的未来。

二、马克思主义劳动观

西方哲学家和思想家关于劳动的定义和解释有很多，例如，认为劳动是一种创造价值的活动，是一种生产的力量；劳动是有分类的，从不同的角度对象来看，劳动可分为简单劳动和复杂劳动、直接劳动和间接劳动、体力劳动和脑力劳动、具体劳动和抽象劳动，等等。

劳动是马克思主义理论体系中的核心内容，是马克思主义理论研究的基础。马克思、恩格斯从科学的世界观和方法论出发，对劳动问题做了更加深入的研究和论述，认为全部人的活动迄今都是劳动，形成了马克思主义劳动观，其主要包括劳动本质论、劳动价值论及劳动解放论。

1. 劳动本质论

哲学家反复思考"人是什么""人的本质是什么"的问题。马克思主义指出，劳动是人的本质，人的本质是一切社会关系的总和。

（1）劳动创造了人本身

恩格斯在《劳动在从猿到人转变过程中的作用》中详细讲解了人类从猿进化成人的过程中劳动的重要作用。在劳动中，人类会使用和创造劳动工具，这就把人和猿区分开来。人类在劳动中学会直立行走，并且创造了语言。所以，劳动是人类的本质活动，人类的第一个历史活动就是物质生产，从这个意义上看，劳动创造了人本身。

（2）劳动创造了人类社会

劳动不仅创造了人本身，使人与动物区别开来，在劳动的过程中还创造了人类社会，人与自然、人与人、人与社会之间的关系也是在劳动过程中产生、形成和发展起来的。劳动创造了社会关系，人与人之间在劳动中产生了劳动资料的占有和使用关系，劳动分工和协作关系，劳动产品的交换、分配和消费关系等。马克思说："任何一个民族，如果停止劳动，不用说一年，就是几个星期，也要灭亡。"社会是人类劳动的产物，劳动是创造社会财富的源泉。

2. 劳动价值论

劳动价值论是马克思主义政治经济学中的一个重要部分，阐述了商品经济的本质和规律。马克思主义指出，劳动的价值来源于劳动的二重性——具体劳动和抽象劳动，劳动的二重性决定了商品的二重性。具体劳动创造出商品的使用价值；抽象劳动包含着无差别的劳动，创造出商品的价值。具体劳动和抽象劳动是生产商品劳动的两种形态，是同一劳动的两个不同方面，不是两次劳动。

3. 劳动解放论

在资本主义大机器生产时代，人的劳动被异化，在资本主义生产方式下，资本家通过买卖劳动力，使劳动力成为商品，不断地压榨劳动者的剩余价值，劳动在这时变得不自由、不主动，这种劳动的异化状态是人类解放和自由的障碍。马克思批判资本主义社会下的异化劳动，他认为劳动绝非异化的雇佣劳动。在《1844 年经济学哲学手稿》中，马克思认为劳动者在异化中不是在肯定自己，而是否定自己，与人的真正类本质脱离了关系。

马克思认为人的本质是由劳动、需要、交往和意识四个要素组成的，而真正的劳动应该是自由的劳动，是摆脱了对人和物的依赖的劳动，自由劳动是实现人的全面发展的基本途径。马克思主义认为社会发展的最高目标是实现共产主义。在未来社会，劳动为人民创造全面发展和自我实现的机会，共产主义的实现是对私有制的摒弃和对异化劳动的扬弃。在共产主义社会里，人要通过参与多种多样的劳动，培育多种能力，摆脱对物的依赖和对人的依赖，从而成为全面发展的人。

恩格斯在《反杜林论》中谈道，在共产主义社会，一切人都要劳动，劳动为人民创造全面发展和自我实现的机会，"这样，生产劳动就不再是奴役人的手段，而成了解放人的手段，因此，生产劳动就从一种负担变成一种快乐"。所以，人类解放的关键是劳动解放，整个社会从雇佣劳动中解放出来，人人都能自由快乐地劳动，实现人的自由而全面的发展。

三、中国特色社会主义劳动观

在马克思主义中国化的进程中，从革命、建设、改革的实践中，中国共产党人形成了自己的劳动观——中国特色社会主义劳动观。这既是对马克思主义劳动观的继承和发展，也是在中国发展的具体实践中不断总结出来的，是具有中国特色的，符合中国实际的马克思主义劳动观。

以毛泽东同志为主要代表的中国共产党人，重视劳动、尊重劳动者，提出"干部和知识分子应该向工农劳动者学习"。1978 年在有 6000 多人参加的全国科学大会上，邓小平同志谈到"从事体力的劳动者、从事脑力的劳动者，都是社会主义的劳动者"。这一理论扭转了特殊时期对脑力劳动者的贬低和歧视，激发了知识分子的创造力和积极性。江泽民同志继续强调辛勤劳动和尊重知识分子，教育方面认为应该坚持教育与生产劳动和社会实践结合起来。胡锦涛同志初步提出"劳动最光荣、劳动最伟大"的思想，主张"以辛勤劳动为荣，以好逸恶劳为耻"的荣辱观。

中国特色社会主义进入新时代，以习近平同志为核心的党中央，继承、发展和丰富了马克思主义劳动观，形成了新时代中国特色社会主义劳动观。习近平总书记认为，一切为我国社会主义现代化建设作出贡献的劳动，不论是体力劳动还是脑力劳动，不论是简单劳动还是复杂劳动，都是光荣的，都会得到全社会承认和尊重。习近平总书记在 2018 全国教育大会上指出："要在学生中弘扬劳动精神，教育引导学生崇尚劳动、尊重劳动，懂得劳动最光荣、劳动最崇高、劳动最伟大、劳动最美丽的道理，长大后能够辛勤劳动、诚实劳动、创造性劳动。"

四、如何树立正确的劳动观

2013 年，习近平总书记在全国劳动模范代表座谈会上发表重要讲话："必须牢固树立劳动最光荣、劳动最崇高、劳动最伟大、劳动最美丽的观念，让全体人民进一步焕发劳动热情，释放创造潜能，通过劳动创造更加美好的生活。"对于新时代青年来说，学习本身就是一种劳动，对知识的求索就是劳动的实践过程，所以广大青年学生要树立正确的劳动观，尊重劳动、崇尚劳动，在劳动实践中推进中华民族伟大复兴中国梦的实现。

1. 树立强烈的劳动意识

习近平总书记指出："全社会都要贯彻尊重劳动、尊重知识、尊重人才、尊重创造的重大方针，全社会都要以辛勤劳动为荣，以好逸恶劳为耻，任何时候，任何人都不能看不起普通劳动者，都不能贪图不劳而获的生活。"培养强烈的劳动意识，有利于增强广大青年的社会责任感和使命感，有助于克服惰性，积极投身劳动实践，解决一些"好高骛远、眼高手低"等实际问题。

2. 形成积极的劳动态度

劳动态度是劳动者评价劳动、看待劳动的一种心理状态。勤劳、敬业、奉献是我国的传统美德，在新时代体现为社会主义核心价值观中的"敬业"要求，也是我们所倡导的，青年学生要用正确的积极的态度来对待劳动，在学习和生活中，热爱劳动、主动劳动，积极投身于各项劳动实践中。

3. 练就过硬的劳动技能

习近平总书记关于劳动的论述中讲道："素质是立身之基，技能是立业之本。广大劳动群众要勤于学习，学文化、学科学、学技能、学各方面知识，不断提高综合素质，练就过硬本领。"勤奋学习也是劳动的一种重要形式，新时代的青年学生，要敢想敢干，敢于追梦，将个人的理想与祖国的前途命运紧密联系起来，要发扬工匠精神，深入学习基础知识和专业知识，掌握过硬的专业技能本领，努力成为新时代的能工巧匠。

4. 养成良好的劳动品格

新时代的青年学生不仅要树立劳动最光荣、劳动最崇高、劳动最伟大、劳动最美丽的劳动观，并且要身体力行去践行。在学习和生活中，传承和弘扬劳动精神、劳模精神和工匠精神，养成良好的劳动习惯，知行合一，在劳动实践中为中华民族伟大复兴贡献力量。

拓展阅读

"铁人"王进喜

随着中华人民共和国的成立，广大的劳动人民成了国家的主人。在社会主义国家的建设中，群众的劳动热情高涨，涌现出了许多无私奉献的劳动模范，被称为"铁人"的王进喜就是其中之一。

王进喜刚开始只是一名普通的石油工人，但是他心系祖国的发展，认为自己是石油工人，有责任为国家的石油发展事业尽一份力。后来，他被调到了大庆参与新油田的开发工作。尽管工作条件艰苦，而且强度难度很大，但他从不言苦，兢兢业业地工作着。有一次发生井喷事故，他奋不顾身地跳进泥浆里，用身体搅拌水泥。由于长年劳累，他积劳成疾，可他却说："为了拿下大油田，宁可少活20年。"

正是这种无私忘我、不懈奋斗的铁人精神，大庆油田建成了，我国摘掉了石油工业落后的帽子，推动着我国社会主义事业向前发展。

项目三

弘扬劳动文化

◈ **学习目标**

(1)认识劳动文化的内涵。

(2)理解劳动文化的主要内容。

(3)能讲好劳动故事，树立正确的劳动观。

◈ **实践活动**

开展"新时代好青年，讲好劳动故事"演讲

一、活动目标

培养学生的劳动意识、良好行为习惯和团队合作精神，健全人格发展；锻炼学生综合素质和语言表达能力。

二、活动准备

5~8人一组，进行任务分工；收集劳动故事素材；做好讲稿和演讲文稿。

三、活动过程

1. 每组根据抽签顺序进行现场演讲，演讲时间不超过5分钟。

2. 所有组别演讲结束后，教师进行点评。

3. 每组开展自评和互评，评选"最佳演讲新时代好青年"。

4. 制作演讲视频，进行班级展演。

四、活动成果

每组提供一个不超过5分钟的演讲视频。

◈ **知识链接**

一、劳动文化概述

1. 劳动文化内涵

劳动与文化是一种对立统一的关系。最初两者处于原始的统一之中，但也包含了对立的萌芽，主要表现在少数劳动者的精神发展和文化创造要求与原始劳动共同体之间的矛

盾。随着社会公有制、私有制和阶级对立的出现，劳动与文化处于尖锐的对立和冲突之中，但这种对立也不是绝对的对立，两者之间仍然具有统一的一面，主要表现是劳动和劳动者仍然拥有对文化的需求，而文化和文化人也仍然在通过各种途径反哺劳动。在这一艰难曲折的历史发展过程中，已经出现了劳动与文化重新得到统一的、合二为一的要求，出现了劳动文化化和文化劳动化的趋势，因此，文化劳动与劳动文化的意识和概念也就应运而生。文化劳动，就是劳动的文化，是一种具有较高文化含量和文化水平的劳动，也就是具有较高主动性、积极性、精神性、创造性、自我实现和自我享受性质的劳动，是与异化劳动相对而言的自由劳动。劳动文化，则是扬弃劳动与文化的对抗性冲突的另一向度，是文化的劳动化或向劳动的回归，是一种伸张劳动的价值和地位、伸张劳动者的尊严和权利的文化，是一种弘扬劳动者的经济政治主体、精神文化主体和社会历史主体地位的历史观和价值观。

劳动文化可分为广义劳动文化和狭义劳动文化。

（1）广义劳动文化

广义劳动文化指劳动者对劳动过程、劳动关系和劳动者的一切感受、认知、观念、评价、要求、理论、理想、科学体系等，是社会意识、精神文化的重要组成部分。

（2）狭义劳动文化

狭义劳动文化，主要是对劳动、劳动者的价值、地位和作用的认知、表达和评价，也称劳动评价或评价性劳动文化，包括劳动哲理、劳动心理、劳动伦理、劳动美学、劳动文学、劳动艺术、劳动文化传播等方面。

2. 劳动文化主要内容

劳动文化的主体是劳动者，是劳动者在自身的利益主体身份明确之后，逐步形成的群体文化。作为劳动者的群体文化，其体现、代表、反映劳动者追求和实现自身权益并进而实现自身价值的文化现象。从大的范围来讲，劳动文化的内容主要可以分为三个层面：第一层面是经济文化层面，主要有劳动者在经济及其相关领域的实践活动，具体包括劳动者的求职、劳动、学习、休闲等与之有关的整个行为和活动的过程及其结果；第二层面是社会文化层面，具体包括劳工组织及其活动、劳动立法及劳动制度、劳动体制的运行及其劳动关系的处理等；第三层面是观念文化层面，主要包括劳动者及其有关劳动的思想观念、社会意识、价值评判、道德、传统等，核心内容是以劳权意识为中心的劳动者意识。在劳动文化三个层面的内容结构中，经济文化是其文化形成的基础，社会文化是其文化实现的主要形式，观念文化是其文化价值的基本内容。所谓狭义的劳动文化，主要是指观念层面的劳动者文化。

从狭义的概念来讲，劳动文化在具体内容和构成上，又包括以下几个方面。

（1）劳动哲理

劳动哲理是对劳动科学与劳动评价这两个方面的劳动文化的概括和总结，因而是劳动文化的最高或最深层面，是劳动文化的理念层面，是劳动文化的核心、精髓和灵魂。

所谓劳动哲理，就是指劳动者对世界、社会、历史、人生的基本看法。诚然，在千百年来阶级对抗的社会中，统治阶级和剥削阶级千方百计地把自己的哲学和意识形态灌输到劳动者的头脑中，让他们心甘情愿地接受自己被压迫被剥削的地位。但是，在长期的劳动创造过程中，在长期与大自然的相互作用过程中，在长期改变自己的经济政治文化地位的过程中，劳动者也积聚和形成了自己的一些生活智慧和哲理，并通过种种民间文化形式表达出来。

一部分知识分子有意识地依据早期劳动者的智慧和哲理发展出比较系统的哲学思想，如中国先秦时期的墨子、唐代的禅宗六祖惠能、明代泰州学派的王艮、清代哲学家颜元，虽然尚未完全摆脱统治阶级的思想控制，但毕竟站到了劳动者一边。在西方哲学史上，古罗马哲学家爱比克泰德是一个奴隶；荷兰伟大的哲学家斯宾诺莎一生以磨眼镜片维持生计；德国工人狄慈根通过自学成为一名辩证唯物主义哲学家；美国工人埃里克·霍弗著有影响很大的《狂热分子：码头工人哲学家的沉思录》，获得了职业哲学家的尊敬；马克思、恩格斯这两位伟大的哲学家，背叛了自己所出身的阶级，为工人阶级提供了一种改造资本主义世界的劳动哲学。

在当代中国，已经有人自觉地把劳动哲理作为哲学与劳动文化（包括各门劳动科学和各种劳动评价）之间的一个中介和中间学科来加以建设。

（2）劳动心理

劳动心理指劳动者在劳动过程中发生的一般心理活动和个性心理特征。一般的劳动心理过程包括劳动者为完成劳动过程而调动和产生的认识（如注意、感觉、知觉、记忆、思维、想象等）、情感和意志活动。个性心理特征（又称个性倾向性），指劳动者在长期劳动过程中所形成的较为稳定的需求、能力、动机、气质和性格，这是推动劳动者进行活动的动力系统，决定着劳动者对周围世界的认识态度、选择的趋向，决定着劳动者形成什么样的价值观。

劳动心理是劳动文化的重要方面。劳动者不是机器，而是活生生的人，是具有七情六欲、喜怒哀乐等种种心理活动的生命体。究竟在什么样的劳动过程中，劳动者才会感到自由、愉快？究竟需要创造什么样的劳动条件、建设什么样的劳动和管理制度、从事什么样的劳动内容，劳动者的积极性和创造性才会充分发挥出来呢？劳动者本身要进行怎样的心理调整，才能适应劳动分工和协作等客观的劳动规律和要求呢？这些都是摆在劳动者和整个人类面前的重大问题。

马克思所批判的异化劳动的一个重要方面就是心理的异化，即劳动者在劳动过程中不是感到快乐而是感到痛苦、不是感到自我实现而是感到自我丧失、不是感到充实而是感到空虚、不是感到兴趣盎然而是感到无聊乏味……这个问题已经引起了全世界的重视。劳动心理学作为一门专门的科学也就应运而生了。

广义的劳动心理学，在美国称为工业与组织心理学（I/O），在英国被称为职业心理学，在其他一些欧洲国家称作工作与组织心理学，在南非又称作工业心理学，其主要研究范围包括甄选与安置、训练与发展、绩效管理、组织发展、工作生活质量、工作学。狭义的劳动心理学是广义劳动心理学的一部分，主要研究劳动效率与劳动健康等问题。

（3）劳动伦理

劳动伦理是劳动者在漫长的劳动过程中形成发展起来的道德情感、道德意志、道德良知、道德规范、道德戒律、道德命令，其中道德情感、道德意志和道德良知是主观的、内在的、个体性的，道德规范、道德戒律和道德命令是客观的、外在的、社会普适性的。

劳动过程包含了人与自然、人与社会、人与自己三个方面的关系，劳动伦理就是要处理这三个方面的关系。就人与自然的关系来看，劳动是人类首要的美德和道德命令。没有劳动、停止劳动，人类很快就会灭绝，因为人类不再依靠本能的活动而是依靠劳动生活在这个世界上，劳动成为维系人类生存和发展的绝对基础，劳动因而对于人类的存在和发展具有极为重要的道德意义和伦理价值。全人类，尤其是非劳动者阶级和阶层，全都要感谢劳动者做出的这一伟大牺牲和贡献，劳动者阶级因而在整个人类社会中占据了无可置疑的道德制高点，对劳动者的任何不尊重，对劳动者的侮辱、歧视、剥削和压迫，是绝对违背人类公义和道德常识的。勤劳敬业和勇敢创造，就成为第一项劳动伦理。

劳动过程本身又具有社会性，是一群人乃至无数人结成的一个分工协作的体系。有分工，就有分化和特殊化，就有专门的发展，就有竞争；与此同时，有分工必有交换，必有各产业、各行业、各岗位、各技能之间的互补协作，必然要求不同劳动者之间的合作互助。因此，公平竞争与互助合作，就成为第二项劳动伦理。

对劳动者本身来说，劳动具有双重意义和价值：第一，它是劳动者基本的谋生手段；第二，它是劳动者发展自己的体力和智力、发展自己的天赋和才能、实现自我价值和社会价值的基本途径。因此，自食其力与自由劳动就成为第三项劳动伦理。

当作为非劳动者的统治阶级和剥削阶级运用暴力、欺诈等多种手段肆意剥夺劳动者的劳动产品和权利，即破坏了上述三项基本的劳动伦理时，反抗压迫和剥削，追求自由、平等和公正，就成为第四项劳动伦理。

劳动伦理也是劳动文化的重要组成部分，劳动者如果缺乏自己的劳动伦理，就只能接受权力伦理或资本伦理的支配和奴役。劳动伦理学作为一门系统发展起来的人文科学，要总结和提升经济层面的民间劳动伦理，倡导更为先进的劳动伦理，为劳动者的解放事业提供强有力的道德支持。

（4）劳动审美

劳动审美是劳动者阶级在漫长的劳动过程中形成的审美需求、审美能力、审美趣味、审美观念和审美标准。关于劳动审美，马克思在《1844 年经济学哲学手稿》中有大量精辟的论述：美是一种社会现象，是人类社会出现以后才有的。美是怎样产生的呢？有许多具体原因，但归根到底还是在于劳动，在现实生活中，不论是自然美、社会美，还是艺术美，它们产生的终极原因也只能是劳动。对于"劳动创造美"这一命题，有许多方面的理解。

劳动创造了人的审美器官。人是由动物进化而来的，人的感觉既有动物性因素，又有社会性因素，美感也当如此。正是由于劳动，人脑才能有别于猿脑，才能有马克思所说的具有感受声音美的耳朵和感受形式美的眼睛，以及恩格斯所说的能够从事绘画、雕刻和拉小提琴的手。马克思说："五官感觉的形成是以往全部世界历史的产物。"这个世界历史，其核心就是劳动的历史。

劳动创造了人的审美需要。原始人类并不是一开始就有审美需要。在生产力极其低下的条件下，他们最迫切的是维护自己生存的物质需要。后来通过劳动，随着生产力的发展、生活条件的改善和人的本质力量的不断丰富，不仅有了物质的需要，而且有精神的需要、审美的需要，于是美感也就产生了，他们不仅从实用的角度去看待世界，而且从审美的角度去感受世界、欣赏世界，不断与周围的世界建立审美关系。

劳动创造了美的对象。有了审美器官和审美需要，原始人就会在实践活动中自觉或不自觉地按照美的规律来创造美，如从审美角度把劳动工具制造得更加符合形式美的要求；从野兽身上取来爪、牙、骨等作为装饰品来美化自己，他们还在实践中创造诗、歌、舞等艺术作品。此外，也正是由于通过各种实践活动，不断提高自己认识自然、驾驭自然的能力，使原先陌生的、恐怖的自然变得亲近起来，从而渐渐成为美的对象。总之，劳动是人类社会历史的起点，劳动创造了人，劳动也创造了美。

（5）劳动文学

劳动文学首先是劳动者在漫长劳动过程中用文字形式创作出来的文学作品，包括神话、传说、寓言、童话、民谣、民谚、诗歌、小说、散文等。近现代以来，诗歌、小说、散文成为劳动文学的主要表现形式。劳动文学与劳动艺术构成劳动审美最主要的两种表现形式，在这里，劳动者的审美意识、审美需要、审美能力、审美趣味、审美观等，得到了最为集中的表现和表达。

（6）劳动艺术

劳动艺术首先是劳动者在漫长劳动过程中以非文字的视听形式创作出来的艺术作品，包括音乐、舞蹈、雕塑、绘画、曲艺、工艺、相声、小品、戏剧、电影等。近现代以来，尤以音乐、绘画、戏剧、电影成为劳动艺术的主要表现形式。正是在劳动艺术作品的感召下，一部分知识分子也加入了劳动艺术的创作队伍，出现了像卓别林、奥尼尔、布莱希特、珂勒惠支等劳动艺术大师。

（7）劳动文化传播

劳动文化产生以后，必然要通过各种媒介、媒体、手段、工具、通道、渠道等在劳动者内部和整个社会范围内进行传播。从前，由于报纸、图书、广播、电视等主要的传播媒介掌握在少数人手里，劳动者要进入其中门槛太高，因此，劳动文化作品就只能够得到一些零散的传播，甚至很多优秀的作品因此而失传了。而现在，互联网和多媒体正在改变这一切，人们可以通过手机、计算机、照相机、摄像机制作各种各样的数字产品，通过网络向社会传播，这就为劳动文化的传播提供了一个前所未有的历史机遇。劳动者及其知识分子代言人应认真研究这一新情况，抓住这一新机遇，为劳动文化的传播打开更加广阔的通道。

二、新时代劳动文化的发展

1. 社会主义文化强国战略为劳动文化发展创造机遇

《中共中央关于深化文化体制改革、推动社会主义文化大发展大繁荣若干重大问题的决定》中指出，加强和改进党对文化工作的领导，是推进文化改革发展的根本保证，也是加强党的执政能力建设和先进性建设的内在要求。党的十八大报告指出，要扎实推进社会主义文化强国建设，文化是民族的血脉，是人民的精神家园。全面建成小康社会，实现中华民族伟大复兴，必须推动社会主义文化发展大繁荣，兴起社会主义文化建设新高潮，提高国家文化软实力，发挥文化引领风尚、教育人民、服务社会、推动发展的作用。文化强国战略，为劳动文化发展营造了前所未有的发展空间与机遇。

2. 劳动文化在社会文化中的地位逐步强化

劳动文化在社会文化中的重要地位与角色，是马克思主义劳动价值论在文化领域的表现形式。劳动创造价值、劳动创造财富，劳动者的社会地位与社会认可度正逐步强化，这也是决定劳动文化成为社会文化重要组成部分的关键因素。特别是以劳模精神为典型形态的劳动文化对当代社会文化发展提供了弥足珍贵的榜样力量。劳模是劳动者中的优秀代表，劳模的价值充分体现了劳动的价值，不同行业涌现出的劳模在各自的职业生涯中战胜平庸，在艰苦劳动中锤炼人生，用"爱岗敬业、争创一流、勇于创新、淡泊名利、甘于奉献"的劳模精神诠释了"劳动创造幸福"的时代价值观念，树立了劳动光荣、劳动伟大的社会认同。

3. 劳动文化内容呈现多元化发展趋势

文化多元化是由劳动文化发展面对的客观外部环境所决定的，受其影响，劳动文化在内容上必然呈现多元化发展趋势。在劳动文化多元化发展进程中，要坚持劳动文化指导思想的统一性，推动劳动文化内容的多样性。特别是要将社会主义核心价值观念、中华民族思想道德传统作为引领。在劳动文化多元化发展趋势中，应把握三个基本原则：

（1）要坚持马克思主义在劳动文化发展进程中的思想指导地位

在劳动文化发展中，要引导劳动者科学分析世情、国情、党情的新变化，用马克思主义的发展观点分析劳动文化的新特征、新路径；社会主义是马克思主义在中国的具体实践，社会主义核心价值体系是兴国之魂，是先进文化的精髓，决定着中国特色社会主义的发展方向，因此，要把社会主义核心价值体系体现到劳动文化产品创作、生产以及传播的各方面，坚持用社会主义核心价值体系引领劳动文化的指导思想，按照"以马克思主义为指导，发展面向现代化、面向未来的、民族的、科学的、大众的、社会主义文化"这一指导思想引导劳动文化，将指导思想的一元化与劳动文化上多成分、多层次、多样化的发展格局有机结合，满足劳动者日益增长的精神文化需求。

（2）要将坚持中国特色社会主义共同理想贯穿劳动文化发展进程

中国特色社会主义是当代中国发展进步的根本方向，集中体现了最广大人民的根本利益和共同愿望。要通过劳动文化形式的丰富多样，引导劳动者自觉把个人理想融入中国特色社会主义共同理想之中，坚定广大劳动者对中国特色社会主义的信心和信念；劳动文化要以符合合理性、必然性的要求，以务实、求变、发展的文化精神推动劳动者思想观念的进步，提高劳动者整体素质；在多样化的劳动文化供给中培养和提升劳动者的品位、人文追求和人文素养；坚持以科学的理论武装劳动者，以高尚的精神塑造劳动者，以正确的舆论引导劳动者，以优秀的作品鼓舞劳动者，创作出富有时代精神的劳动文化作品，塑造劳动者理想人格，增强主体性，由此形成劳动文化现代化和社会现代化相互促进、和谐并进的良好局面。

（3）要弘扬以爱国主义为核心的民族精神和以改革创新为核心的时代精神

爱国主义是中华民族最深厚的思想传统，最能感召中华儿女团结奋斗；改革创新是当代中国最鲜明的时代特征，最能激励中华儿女锐意进取。劳动文化要以劳动者喜闻乐见的方式，广泛开展对劳动者的民族精神教育，大力弘扬爱国主义、集体主义、社会主义思想，增强劳动者的民族自尊心、自信心、自豪感，激励劳动者把爱国热情化作岗位奉献精神、社会责任感，以实际行动表现热爱祖国和贡献祖国的情怀，继承和发扬中华民族艰苦奋斗、劳动光荣、勤俭节约的优良传统。

4. 劳动文化与劳动者民主意识日益契合，推动繁荣发展

劳动文化繁荣是劳动者民主意识发展的必然结果。所谓民主意识，就是在一定的社会历史条件下，人们对民主的内在结构要素和民主与外在环境的关系通过感性观察与理性思考而形成的观念。完整的民主意识包括人们对民主的一切认识和看法，涉及国家、社会、个人权利、法律、经济、政治结构以及社会一般文化氛围等因素。宽松的思想环境、适应经济的土壤、合理的政治结构、丰富的文化生活和直接的民主实践这五种因素对于推进民主意识的发展具有突出的促进作用。劳动文化与劳动者民主意识的契合表现为以下三个方面。

（1）劳动文化与民主意识广泛性、平等性、包容性的契合

政治就是多数人的民主，民主就是多数人的政治。"民主决定于参与"，政治民主的本质就是民主权利的广泛分配和平等享有。没有民主权利分配主体的广泛性，形式上的民主就是少数人的专政。劳动文化倡导的就是劳动者广泛参与、平等对待、包容接纳的现代民主精神，以宽容精神，让不同劳动者群体都能够享有平等参与文化的权利。

（2）劳动文化活动建构的规则与民主制度设计的理念契合

劳动文化多以劳动者能够广泛参与的文体娱乐活动进行，通过制定体现公平、公正、平等的参与规则，使劳动者积极参与，这就体现了民主的本质。民主同时也是一种过程或者一种程序，个人的自由平等权利只有在这种过程中才能实现。劳动者自发的或有组织的文化活动，无论是一个职工摄影俱乐部，还是一个农民工图书角，这些劳动文化的具体形式都通过平等的活动参与制度，体现民主制度实践中过程公正性与程序公正性的理念。

（3）劳动文化蕴含的沟通和互动特征与民主本质的契合

从某种意义上说，民主是承认和接受妥协，并且为特定的某一妥协达成的过程。民主的重要功能之一是使各种利益主体的冲突通过沟通与理解达成调解和妥协。从社会关系角度看劳动文化，它也是劳动者与资本所有者沟通和互动，协调劳动关系的一种有效方式。例如，在外资企业中，许多工会组织利用开展劳动者文体活动的机会，让不同岗位的管理者与劳动者之间以平等地位参与竞技的方式增加彼此了解，以缓解因经济利益引发的矛盾。劳动文化强调参与主体的广泛性、平等性和包容性，这让更多的普通劳动者有机会参与到公共文化事业中，使他们增强了敢于表达的自信心和表达意识。在这个过程中，劳动者作为文化参与主体的意识不断增强，他们更加尊重和敢于争取自身的权利，表达自己的主体诉求；同时，在参与的过程中，劳动者内部不同群体学会尊重彼此的权利，在同一个

规则下互动，各种主体在努力追求自身权利的同时，也充分尊重他人的权利，这也正是劳动者民主意识形成的本质特征。

5. 劳动文化与企业文化有机融合

党的十八大报告指出："必须推动社会主义文化大发展大繁荣，兴起社会主义文化建设新高潮，提高国家文化软实力，发挥文化引领风尚、教育人民、服务社会、推动发展的作用。"与此相适应，劳动文化、企业文化作为社会主义文化建设的重要组成部分，理应相互促进、相互推动，为构建和谐社会发挥积极作用。

（1）劳动文化是企业文化必要的补充和完善

劳动文化与企业文化两者的作用互相补充，即劳动文化和企业文化对于社会的促进和规范作用各有侧重。这种作用不能互相替代，却能互相补充。将劳动文化和企业文化进行对照分析，显而易见，除制度文化外，企业文化的精神文化、行为文化和物质文化的内容，大部分要靠劳动文化来体现；企业文化的精神文化、行为文化和物质文化的建设，大部分要靠劳动文化来开展。离开劳动文化工作，企业文化建设就没有载体，失去活力，成为摆设。

与企业文化自上而下的实现形式不同，劳动文化可以通过各种形式的群众性宣传教育来实现，包括电视、报刊、宣传栏、政治学习和工会组织的各种技能竞赛和文体娱乐活动，引导劳动者增强团结协作、爱岗敬业、热爱企业的思想感情，树立岗位奉献精神；将劳动者个人发展与企业经营理念相结合，圆满完成生产工作任务，为实现企业的发展目标而共同努力。劳动文化通过凝聚和激励功能，形成统一的劳动精神、价值理念，将企业持续发展目标作为共同的责任。

（2）劳动文化与企业文化共同发展

劳动文化发展的水平影响着企业文化的创建和效果。大力推进劳动文化建设，既是企业文化持续健康发展的根本，也是构建和谐企业、创建和谐文化的必然要求。因此，既要重视企业文化建设，也要重视劳动文化建设。企业推动劳动文化建设应该做到以下几点：

①增强推动劳动文化发展的使命感　思想是行动的先导，要发展劳动文化，首先必须提高认识，增强企业领导对劳动文化的重视。劳动文化是全体劳动者在实践中共同创造的，只有深入劳动者内心的文化才具有强大的生命力。在企业内部推动劳动文化发展，就是要坚持尊重劳动者、信任劳动者、重视劳动者、调动劳动者，强调劳动者是第一资源，并以提高劳动者自身素质为目标的文化理念。和谐的文化建设应该体现为管理者与被管理者之间的和谐、均衡发展。

②发挥劳动文化的阵地作用　劳动文化工作具有群众性、娱乐性、福利性特点，形式比较灵活，群众喜闻乐见，容易接受。在企业，一是要进一步完善满足劳动者精神文化需要的各种文体娱乐设施，创造具有企业特点的人文环境和活动氛围；二是要发挥工会的组织优势，大力开展各种文体娱乐活动，宣传企业的光荣历史，学习劳模的先进事迹，形成意识形态层面的价值理念统一；三是要培养劳动者良好的业余兴趣爱好，组建和完善各类兴趣小组和协会组织等，经常开展相关活动，满足劳动者的精神生活，培养积极心态，陶冶道德情操，通过参与劳动文化活动促进劳动者对企业的认同感。

③发挥劳动者在文化建设中的积极性和创造性　企业的发展，根本因素是人，即企业的劳动者。劳动者主观能动性的发挥，很大程度上决定着企业的发展。因此，加强文化建设，必须强调人的价值，注重劳动文化，结合劳动者思想政治教育，进行思想凝聚、情感凝聚和组织凝聚，激发劳动者的工作积极性，强化劳动者的风险意识和进取精神，潜移默化地影响和渗透企业精神和价值观，促进企业劳动者团结一心，开拓创新。

6. 劳动文化在网络信息传播时代呈现新特征

当今，随着信息技术的迅猛发展，社会发展已经步入互联网时代，劳动文化传播也进入新媒体时代，人们越来越多地使用新媒体，新媒体越来越显现其强大的魅力。

（1）网络信息技术的发展增强了劳动文化以人为本的价值观

网络技术使信息传递更加大众化，每个人都可以便捷地利用基于网络化的新媒体发出自己的声音，展示真实的自己。例如，在企业管理中，由于网络信息技术的运用，管理的重心从群体转移到以电子信箱、网络聊天等形式存在于信息网络的单点个体身上；管理者的任务正在由过去单一的指令性安排，相应地转变成协助每个员工实现个人和组织目标的教练、导师及资源协调人；管理的境界更加凸显创造一种激发劳动者主观能动性的组织氛围，形成组织不断创新的核心能力。在网络信息时代，具体的规章条例趋于被网络上的信息所取代，决策和权力控制受到一定程度的削弱。在这种情况下，管理者以分散化管理来保障组织的有机性和灵活性，放松了组织的集中控制，更需要依靠文化来维护组织的运作，因此，劳动者创造性和个性的发挥就成了企业生存和竞争的核心动力，从而形成逐步强化的劳动文化地位。

（2）网络使抽象的劳动文化趋于具体化

在信息化时代，每个劳动者群体内部的阶层组织都会有自己独特的文化，也必须有一定的文化约束力，通过其文化的不同强度对组织成员的态度和行为产生不同方向和程度的影响。通过便捷的网络沟通和协调，使得组织成员之间分享群体价值观。通过网络宣传，使组织成员具有共同的价值观体系，使组织更具特色，在成员心中形成强烈的归属感。

拓展阅读

一、巴甫洛夫的劳动故事

条件反射学的创始人，1904 年荣获诺贝尔生理学或医学奖的俄国著名生理学家巴甫洛夫，从小就十分热爱劳动。在他小时候，有一天，巴甫洛夫和弟弟米加约好去园子里种树，费了很大的力气才挖了一个坑，正要把苹果树栽下去的时候，爸爸从屋里跑出来了，指着园子里一块突出的高地对兄弟俩说："你们看，那儿地势高。"又告诉他们挖坑的位置地势低，下雨后会积水，苹果树会被淹死。弟弟听了爸爸的话，不高兴地走了。而巴甫洛夫并不灰心，跟着爸爸在高地挑选了一块空地，重新挖起来……

巴甫洛夫从小养成的爱劳动的习惯，一直持续到晚年。国内战争年代，他在实验室周围的空地上种菜，自力更生，解决了吃菜难的问题。

"人们在那里高谈阔论天启和灵感之类的东西，而我却像首饰匠打金锁链那样精心地劳动着，把一个个小环十分适宜地连接起来。"

——巴甫洛夫

二、白求恩的"卢沟桥"故事

1938年1月，白求恩来到中国后，立刻赶往抗日前线的战地医院。当时，战斗激烈，条件艰苦，前线医院缺乏药品和医疗器械。怎样办呢？"我们自己动手干！"白求恩斩钉截铁地回答。当地的军民都被动员起来，大家忙着粉刷病房，制作简易床和工作服。

夜深人静，白求恩又伏在他那张简陋的工作台上反复思考着：医疗队的很多药物和手术器械要由牲口驮运，怎样才能避免药瓶撞碎或者打翻呢？他为此熬了好几个通宵，最后画出了草图，和工人们一起制作。白求恩笑着说："一个战地医生，就应学会木工和铁匠的手艺，才能根据伤员的需要改善医疗设备。"很快，一种特制的简易药架制成了，因为形状像一座桥，白求恩称它为"卢沟桥"。

模块二

弘扬劳动精神

【内容提要】

　　劳动精神具有很强的导向和激励作用，是人类社会发展的力量源泉。要在学生中弘扬劳动精神，教育引导学生崇尚劳动、尊重劳动，懂得劳动最光荣、劳动最崇高、劳动最伟大、劳动最美丽的道理。党的十八大以来，习近平总书记多次围绕弘扬劳动精神进行了极为深刻的阐述，为新时代推进劳动教育提供强大的思想引领。深刻把握劳动精神的本质，弘扬劳动精神，弘扬我国工人阶级和广大劳动群众的优秀品格，是我们实现"两个一百年"奋斗目标的有力保障。

　　本模块为弘扬劳动精神，由劳模精神、劳动精神、工匠精神三部分内容构成。弘扬劳动精神，使学生理解劳模精神、劳动精神、工匠精神的概念和内涵，熟悉劳模精神、劳动精神、工匠精神的特点，认识劳模精神和劳动精神的时代内涵，能讲好工匠故事，弘扬工匠精神。

【知识标签】

　　劳模精神；劳动精神；工匠精神

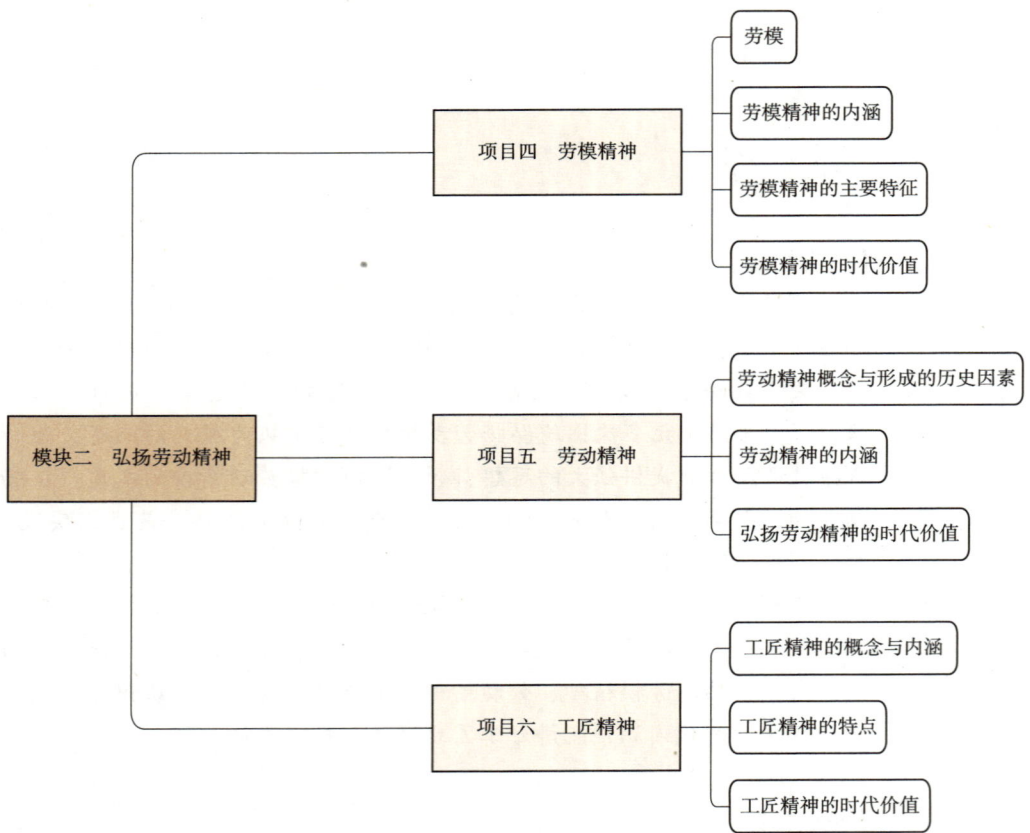

项目四

劳模精神

◈ **学习目标**

(1)理解劳模及劳模精神的概念与内涵。

(2)熟悉劳模精神的主要特征。

(3)掌握劳模精神的时代价值。

◈ **实践活动**

开展劳模人物访谈(或事迹展映)

一、活动目标

通过近距离接触劳模人物、聆听劳模故事、品悟劳模精神,感受劳模人物的人格魅力,进而学习和弘扬劳模精神。

二、活动准备

1. 对劳模人物进行访谈

(1)选择劳模对象,查阅、整理与其相关的信息。

(2)确定访谈主题和采访提纲,与劳模充分沟通。

(3)确定采访主持人,设计采访形式、环节、流程,进行充分演练,做好各种预案。

(4)确定采访时间、地点,做好各项准备,并通知人员准时参加。

2. 劳模人物事迹展映

(1)选择劳模对象,查阅、整理与其相关的信息。

(2)教师、学生代表选择并事先观看准备展映的劳模影像资料。

(3)确定观看前要提示注意的情节或内容。

(4)确定展映时间、地点,做好各项准备,并通知人员准时参加。

(5)展映前,介绍展映劳模的有关材料,说明观影的目的要求,提示观看中需重点注意的情节、内容等。

三、活动过程

1. 按照前期准备的演练流程进行正式访谈。

2. 进行现场展映。

四、活动成果

1. 以小组为单位，总结访谈或观影后的感想与体会。
2. 在教师指导下，小组间互相评分，计入下表。

评分项目	分值	得分
劳模对象资料收集情况	40	
小组配合情况	20	
总结访谈或观影后的感想与体会情况	40	

◈ 知识链接

一、劳模

劳模是劳动模范的简称，有广义和狭义之分。广义的劳动模范是指劳动的楷模和榜样，一切用辛勤劳动推动人类社会发展的人均可称为劳动模范。狭义的劳动模范是指中国共产党在革命、建设和改革的各个历史时期评选出来的在社会主义生产实践中作出巨大贡献并被授予"劳动模范"光荣称号的先进分子。

劳动模范是劳动群众的杰出代表，是民族的精英、国家的栋梁、时代的先锋、人民的楷模。在劳模身上体现着社会对某一类劳动方式和劳动精神的最高评价。

党和国家领导人对不同时期的劳动英雄和模范均给予了高度评价。1945 年 1 月 10 日，毛泽东在陕甘宁边区第二届劳动英雄和模范工作者大会上提出，劳动模范有三种作用，即带头作用、骨干作用和桥梁作用。1950 年 9 月 25 日，毛泽东代表中共中央在全国战斗英雄和劳动模范代表会议上，高度评价全国战斗英雄和工农兵劳动模范"是全中华民族的模范人物，是推动各方面人民事业胜利前进的骨干，是人民政府的可靠支柱和人民政府联系广大群众的桥梁"。

1978 年 10 月 11 日，邓小平在中国工会第九次全国代表大会上充分肯定劳动模范"至今还是我们学习的榜样和团结的核心"，提出"要尊重劳动，鼓励先进""任何人对四个现代化贡献得越多，国家和社会给他的荣誉和奖励就越多，这是理所当然的"。

2000 年 4 月 29 日，江泽民在全国劳动模范和先进工作者表彰大会上指出："全国劳动模范和先进工作者是亿万劳动群众的杰出代表。他们对祖国和人民无限忠诚，爱岗敬业，勇于创新，无私奉献，严于律己，弘扬正气，在平凡的岗位上做出了不平凡的业绩，是建设社会主义物质文明和精神文明的先锋。"

2010 年 4 月 27 日，胡锦涛在全国劳动模范和先进工作者表彰大会上指出："我们一定要在全社会大力弘扬劳模精神，用劳模的先进事迹感召人民群众，用劳模的优秀品质引领社会风尚，充分发挥劳模的骨干和带头作用，在全社会进一步形成崇尚劳模、学习劳模、争当劳模、关爱劳模的良好氛围。"

2016 年 4 月 26 日，习近平总书记在知识分子、劳动模范、青年代表座谈会上指出："劳动模范身上体现的'爱岗敬业、争创一流，艰苦奋斗、勇于创新，淡泊名利、甘于奉献'的劳模精神，是伟大时代精神的生动体现。我们要在全社会大力宣传劳动模范的先进事迹，号召全社会向他们学习、向他们致敬。要为劳动模范更好地施展才华、展现精神品格提供全方位支持，使他们的劳动技能、创新方法、管理经验能够广泛传播，充分发挥示范带动作用。劳动模范要珍惜荣誉、谦虚谨慎、再接再厉，不断在新的起点上为党和人民创造更大业绩。"

二、劳模精神的内涵

劳模精神，是指"爱岗敬业、争创一流，艰苦奋斗、勇于创新，淡泊名利、甘于奉献"的精神。劳模精神是一种人文精神，代表的是一个时代的价值观、道德观，展示的是中华民族顽强拼搏、自强不息的崇高品格，体现的是中华民族与时俱进、开拓创新的精神风貌。劳模精神的内涵包括以下三个方面。

1. 爱岗敬业、争创一流

爱岗敬业是指劳动者无论从事什么职业，身处何种岗位，都热爱自己的本职工作，以积极认真的态度对待自己的职业劳动，努力培养工作幸福感和荣誉感。争创一流是对工作精益求精、力求完美的一种追求，简单地讲，就是要做得比别人好，干得比别人强，勇于做别人的榜样，争当行业和岗位的排头兵。爱岗敬业是对劳动者的普遍性要求，争创一流是对劳动者的先进性要求。

爱岗敬业、争创一流是劳模精神的本质特征，也是公民职业道德提升的要求，还是社会主义核心价值观个人层面的重要内容之一。在中国特色社会主义新时代，劳动者热爱和敬重所从事的工作，在自己的工作岗位上踏实工作、积极进取，既是社会的需要，也是劳动者不断完善自身的需要。因此，我们要做到干一行、爱一行，专一行、精一行。劳动模范作为劳动群众的优秀代表，他们恪尽职守、踏实肯干、精益求精，用自己的实际行动践行了社会主义核心价值观，为我们正确对待自己的职业树立了榜样。

2. 艰苦奋斗、勇于创新

艰苦奋斗是中华民族的优良传统，也是中国共产党的优良作风，更是劳动模范所具有的优秀品质。从思想层面上来讲，艰苦奋斗的基本含义包括两个方面：一是艰苦，二是奋斗。艰苦是指客观环境和条件，奋斗是指主观进取，艰苦奋斗即用主观行动战胜客观环境和条件，艰苦和奋斗紧密相连，重在奋斗。在我国社会主义建设中，广大劳模正是凭借艰苦奋斗的价值追求，攻破了一个又一个阻碍实现中国特色社会主义现代化建设的难题，取得了一个又一个惊艳世界的成就。

创新是一个民族进步的灵魂，是国家兴旺发达的不竭动力。我国社会主义发展历程，清楚体现了创新的重要性。载人航天、月球探测、杂交水稻等一系列辉煌成就的取得都离不开创新。广大劳模充分发挥先锋模范作用，不断钻研科学技术，锐意进取、勇于创新，在自主技术研发、提升产品品质、改进管理模式等方面有突出业绩，为中国特色社会主义事业发展作出了贡献。

3. 淡泊名利、甘于奉献

淡泊名利，是指看淡个人名声与利益，不追名逐利。甘于奉献，是指对自己的事业全身心地付出且不计回报。自古至今，世人都有对名利的追求和向往。作为普通大众的一员，劳模在自己的岗位上努力工作取得了卓越成就，但是他们淡泊名利、甘于奉献，恪守职业道德和法律底线，危害国家和人民利益的事情不为，损公肥私、害人害己的功利不取，沽名钓誉、自私自利的品行不沾。

三、劳模精神的主要特征

劳模精神丰富和发展了我国的民族精神和时代精神，具有鲜明的特征。归纳起来，劳模精神主要有以下四个特征。

1. 时代性

任何理论都是时代的产物，都具有鲜明的时代性。在特定的时代背景下产生的劳模精神同样具有时代性。劳模精神的时代性主要体现在两个方面，一方面，劳模精神不是凭空产生的，也不是一成不变的，它是中国共产党在探索民族独立、人民解放和社会发展的时代背景中，开展大生产运动寻求经济独立的过程中产生和发展的，它随国家意识形态、经济社会发展和时代变迁而不断发展；另一方面，劳模精神在不同的时代被赋予了不同的内涵，劳模精神是时代的标杆，自觉地引领了时代前进的旗帜，丰富了时代精神的内涵，是推动时代向前发展的重要精神力量。

2. 民族性

劳模精神体现着中华民族的思想与情感，具有鲜明的民族性。一方面，劳模精神吸收了中华优秀传统文化当中热爱劳动、勤劳勇敢、吃苦耐劳的精神品质和崇尚劳动的传统美德，体现了鲜明的文化传统和民族特质；另一方面，劳模精神是对伟大的中华民族精神的传承，其中的爱国主义精神、创新创造精神、艰苦奋斗精神都集中体现在劳动模范身上，反过来丰富和发展了民族精神，为民族精神的发展传承培育了丰厚的精神土壤。

3. 先进性

劳模精神的先进性体现在与时代的发展相一致的价值取向，它是劳模身上所反映出来的优秀品质和优良作风的集中体现。劳模是广大劳动者中先进分子的代表，他们身上所承载的劳模精神具有先进性。如今，中国特色社会主义已经进入新时代，劳动者的结构也发生了显著变化，知识分子、民营企业家、文体明星都是建设中国特色社会主义的一分子，都为中国社会经济建设发展贡献出了各自的力量，他们中的先进分子身上也闪耀着劳模精神。劳模精神作为一种先进的思想，其先进性也是与时俱进的。

4. 教育性

劳模精神的教育性体现在它是一种可以广泛推崇和学习的价值取向，能够教育和引导人民。广大劳模在平凡的岗位上艰苦奋斗、努力工作、服务人民，是值得人们学习的。劳动模范本身是平凡的，但凝聚在他们身上的劳模精神与社会提倡的社会主义核心价值观是伟大的。因此，要大力弘扬劳模精神，传承好中华优秀的传统文化，发展好中华民族最傲人的独特品质，充分发挥劳模精神的教育引导作用，让其深入人心，受人尊崇，形成人人争当劳模的好风尚。

四、劳模精神的时代价值

习近平总书记指出，劳动模范是民族的精英、人民的楷模。长期以来，广大劳模以平凡的劳动创造了不平凡的业绩，铸就了"爱岗敬业、争创一流，艰苦奋斗、勇于创新，淡泊名利、甘于奉献"的劳模精神，是我们极为宝贵的精神财富。作为个体，劳动模范以爱国、敬业、诚信、友善为行为准则，是个人践行的典范；作为公民，他们以自由、平等、公正、法治为社会价值取向，是价值引领的旗帜；作为人民的一分子，他们以富强、民主、文明、和谐为奋斗目标，将"小我"融入国家发展的潮流中，是价值实现的楷模。翻阅一代代劳模的事迹，在他们身上，对事业的"痴"、对工作的"狂"、对得失的"傻"交织在一起，这也正是我国发展中所需的定力、闯劲、韧劲，共同标注着中华民族一代又一代建设者奋斗的底色。

1. 劳模精神是马克思主义劳动观的生动体现

马克思对具有社会历史属性的劳动进行了深入剖析，认为在人从自然界分化出来演化成自然人，进而成为社会人的过程中，劳动发挥着决定性的作用。劳动解放人可以进一步理解为劳动解放人的社会关系，推动不合理的社会关系发生变革，从而使人获得社会关系的解放。社会主义制度下的劳动真正体现出劳动者的自主性，劳动不再是异化的、外在的、脱离了人的本性的东西，劳动者通过自己的劳动肯定自己，在劳动中感受幸福，在劳动中体现人与人的平等关系，这为劳模精神的产生与发展提供了重要土壤。马克思主义劳动观深刻反映了中国工人阶级和广大群众通过劳动在价值创造中的积极作用，为我们继承和弘扬劳动者伟大的劳动价值精神提供了理论支撑。劳模精神是社会主义劳动者在劳动中推动社会发展和实现精神文明的产物，中国特色社会主义开辟了社会主义在中国发展的独特进程，而劳模精神在这一独特进程中不断焕发出强大的生命力、创造力、战斗力、感染力、凝聚力、影响力，成为中华民族宝贵的精神财富，在中华民族站起来、富起来、强起来的伟大历史进程中发挥着不可替代的重要作用。

2. 劳模精神是我国优秀传统劳动文化的时代结晶

回顾灿烂的中华文明史，中国人民劳动精神的形成与劳动人民的生产和生活实践以及中华民族崇尚劳动的传统文化密不可分。在我国传统文化中，一贯推崇对劳动实践的认同、对劳动精神的传承、对劳动文化的传播。远古时代，钻木取火、神农氏教民稼穑、大禹治水的劳动故事就广为流传。明朝时期宋应星所著的《天工开物》收录了农事、手工制造等技术，集中体现了古代劳动人民在自然科学、工业制造等方面的劳动创造和发明成就。中华儿女用辛勤的劳动创造了中国灿烂的历史文化，锻造了中国人朴实、勤奋的优秀品格。这一品格始终贯穿于社会生产的发展和实践当中，不断推动生产力的进一步发展，艰苦奋斗、甘于奉献、不为名利的劳动精神也在历史文化中熠熠生辉。我国优秀的传统劳动文化，为劳模精神的形成注入了民族文化基因，让劳模精神成为创造民族辉煌的根本力量和推动民族继续向前发展的精神支柱，同时，劳模精神又是对中华优秀传统文化中生生不息崇劳厚生精神的继承与阐发。

3. 劳模精神凝聚建功新时代的磅礴伟力

2018年"五一"国际劳动节之际，习近平总书记在给中国劳动关系学院劳模本科班学员回信中提出，希望"用你们的干劲、闯劲、钻劲鼓舞更多的人，激励广大劳动群众争做新时代的奋斗者"。劳动模范是"干出新时代"的排头兵，是践行"实干兴邦"的楷模。激励广大劳动群众争做新时代的奋斗者，就是要让实干担当在新时代蔚然成风，让改革创新在新时代焕发活力，让精益求精在新时代落地生根。只要我们持之以恒地弘扬劳模精神，充分调动起广大劳动人民的积极性、主动性和创造性，就一定能最大限度地激发起人们饱满的奋斗热情，从而为以中国式现代化全面推进中华民族伟大复兴凝聚起磅礴的中国力量。

4. 劳模精神引领新时代产业工人队伍建设

推进产业工人队伍建设，是以习近平同志为核心的党中央着眼于巩固党的执政基础、实施制造强国战略、全面提高产业工人素质做出的重大决策部署。在新时代，应充分发挥劳动模范和工匠人才的示范带动和价值引领作用，培养造就更多劳动模范、大国工匠，努力打造一支有理想守信念、懂技术会创新、敢担当讲奉献的宏大产业工人队伍，建设知识型、技能型、创新型劳动者大军。

5. 劳模精神昭示新时代劳动教育的价值取向

习近平总书记在2018年全国教育大会上强调："要在学生中弘扬劳动精神，教育引导学生崇尚劳动、尊重劳动，懂得劳动最光荣、劳动最崇高、劳动最伟大、劳动最美丽的道理，长大后能够辛勤劳动、诚实劳动、创造性劳动。"这既是对广大学生涵养深厚劳动情怀的谆谆嘱托，更是对未来劳动者用奋斗成就梦想的殷切期待，昭示着新时代劳动教育的价值取向。劳动模范是每个时代劳动精神的典型化身，是引导广大学生培育践行社会主义核心价值观的宝贵财富和有效载体。应充分发挥劳动模范先进事迹和优秀品质的感召作用，让青少年有机会近距离接触劳动模范、聆听劳模故事、感受劳模精神，在实践中体悟劳模精神，在磨炼意志和增长才干中感受劳动的乐趣和收获，从而培育辛勤劳动、诚实劳动、创造性劳动的精神气质。

6. 劳模精神引领培育时代新人

青年一代是国家的希望、民族的未来。青年的劳动情怀不仅决定着其自身发展的前途，而且影响着我国实现社会主义现代化的进程。劳模精神作为社会主义国家对于劳动作用的高度彰显，对培育时代新人有着不同寻常的价值。劳模精神的核心是劳动与创造，推进劳模精神进社会、进家庭、进校园，将劳模精神与青年的生活学习实践相结合，让青年在自己动手、亲身实践中体验劳动的快乐与收获，有利于形成热爱劳动、热爱创造的情怀，促进青年德智体美劳全面发展。弘扬劳模精神能够消除青年心中劳动低下的错误思想，生成并传播劳动至上、劳动光荣、创造伟大、劳动者平等的积极劳动观，让青年在辛勤劳动中放飞和实现自己的梦想。弘扬劳模精神还能培养青年劳动实干的担当精神。劳模精神是先进的文化，具有强大的教育塑造功能，能引领和鼓励青年脚踏实地、勤勤恳恳、乐于奉献，成为让党放心、爱国奉献、担当民族复兴重任的时代新人。

一、"时代楷模"获得者朱有勇

朱有勇，男，苗族，中共党员，植物病理学专家，中国工程院院士，云南农业大学名誉校长。曾荣获"时代楷模""全国优秀共产党员""全国杰出专业技术人才""全国模范教师""全国教学名师"等荣誉称号。

朱有勇同志入党以来，始终不忘自己的第一身份是共产党员，第一职责是为党工作，矢志不渝为党和人民的事业默默奉献。他始终牢记初心使命，把个人前途与党的事业、国家的昌盛、人民的富裕紧密结合起来，自觉为实现人民对美好生活的向往而奋斗。他模范贯彻习近平总书记关于坚决打赢脱贫攻坚战的重要指示精神，以强农兴农惠农为己任，用自己的科研成果帮助群众脱贫致富，同人民想在一起、干在一起，真心实意为老百姓办实事、做好事、解难事，以实际行动赢得了群众的信任和拥护。

朱有勇同志积极响应党的号召，牢记习近平总书记关于"广大科技工作者要把论文写在祖国的大地上"的嘱托，主动请缨到深度贫困的澜沧拉祜族自治县开展扶贫，把实验室搬到田间地头，在当地建立"科技小院"，创办院士科技扶贫指导班，立足农村推动科技成果转化应用，带领村民发展特色产业，走出了一条精准有效的科技扶贫之路。4年时间，他走遍澜沧村村寨寨、跑遍田间地头，与少数民族群众同吃同住同劳动，受到各族群众真心爱戴和社会各界高度赞扬，被亲切地称为"农民院士"。

朱有勇同志继承和弘扬科技战线的优良传统，把爱国之情、报国之志转化为投身科研的实际行动，潜心科研、矢志创新，取得多项重大科研成果，为国家和人民作出了突出贡献。他紧盯农业科技发展的关键性技术难题，用30多年的时间和精力钻研攻克了遗传多样性、物种多样性和生境多样性控制作物病虫害系列重大课题。他构建的冬季马铃薯优质高效技术体系，累计推广1131.2万亩，促进农民增收228.8亿元，用科技力量改变民族地区贫困落后面貌。

朱有勇同志恪尽职守，对教育事业始终充满热情，明道信道、立德树人，培养了一批批优秀学子和学术带头人，在科技扶贫生动实践中还培养了一大批有文化、懂技术、会经营的新型农民和科技致富带头人。他当选为中国工程院院士后，毅然决定捐出个人获得的400万元奖金成立云南农业大学"有勇奖学基金会"（后更名为"云南农业大学教育发展基金会"），激励了更多师生学农爱农、潜心研究、服务"三农"。

二、"七一勋章"获得者张桂梅

张桂梅同志是云南省丽江市华坪县女子高级中学党支部书记、校长，她坚守教育报国初心，牢记立德树人使命，扎根贫困地区40多年，立志用教育扶贫斩断贫困代际传递，倾力建成全国第一所全免费女子高中，让贫困山区女学生圆梦大学，托举起当地群众决战决胜脱贫攻坚的信心与希望。

张桂梅同志是教育脱贫攻坚中涌现出的先进教师典型，曾获"全国师德标兵""全国先进工作者""全国最美乡村教师"等荣誉。2020年被教育部授予"全国优秀教师"荣誉称号；

2020 年 6 月 29 日，被云南省委宣传部授予"云岭楷模"称号；2020 年 7 月，被全国妇联授予"全国三八红旗手"称号；2020 年 12 月 3 日，被中共中央授予"全国优秀共产党员"称号；2020 年 12 月 10 日，被中宣部授予"时代楷模"称号；2021 年 2 月 17 日，被评为"感动中国 2020 年度人物"；2021 年 2 月 25 日，荣获"全国脱贫攻坚楷模"荣誉称号；2021 年 6 月 29 日，被党中央授予"七一勋章"，并在"七一勋章"颁授仪式上发言；2021 年 11 月，获"全国道德模范"荣誉称号。

三、"最美奋斗者"获得者杨善洲

杨善洲，男，汉族，中共党员，云南省保山市施甸县姚关镇人，1951 年 5 月参加工作，1952 年 11 月入党，曾任云南省保山地委书记。1988 年 3 月退休以后，主动放弃进省城安享晚年的机会，扎根大亮山，义务植树造林，带领大家植树造林建成面积 5.6 万亩*、价值 3 亿元的林场，且将林场无偿捐赠给国家。杨善洲在退休之后，获得"全国绿化十大标兵""全国绿化奖章""全国老有所为先进个人"等荣誉。被评为"感动中国 2011 年度人物"；2018 年 12 月 18 日，被党中央、国务院授予"改革先锋"称号，颁授"改革先锋"奖章，并获评"不忘初心、奉献一生"的退休干部楷模；2019 年 9 月 25 日，获得"最美奋斗者"荣誉。

---

* 1 亩＝1/15 公顷。

项目五

劳动精神

◆ **学习目标**

(1) 熟悉劳动精神的概念及形成的历史因素。

(2) 理解劳动精神的时代价值。

(3) 能讲述劳动精神典型案例。

◆ **实践活动**

开展"传承农耕文化、倡导生态农业、践行绿色发展"演讲

一、活动目标

传承和弘扬农耕文化，倡导生态农业和绿色发展理念，弘扬劳动精神，激发学生的劳动热情和创造力；锻炼学生综合素质和语言表达能力。

二、活动准备

4~6人一组，进行任务分工；收集北大荒、南泥湾等体现劳动精神的案例素材；做好演讲稿和背景演示文稿。

三、活动过程

1. 每组根据抽签顺序进行现场演讲，演讲时间不超过5分钟。

2. 所有组别演讲结束后，教师进行点评。

3. 每组开展自评和互评，确定最佳演讲作品。

4. 制作演讲视频，进行班级展演。

四、活动成果

每组剪辑一个不超过3分钟的演讲视频，并在公众号等新媒体平台展示。

弘扬森林文化、倡导生态林业、践行生态文明

一、活动目标

通过学习和实践，弘扬勤劳、创新、奋斗的劳动精神，激发学生的劳动热情和创造力；锻炼学生综合素质和语言表达能力；使大学生更加深入地了解森林文化和生态林业的

重要性，树立生态文明观念。

二、活动准备

4~6 人一组，进行任务分工；收集善洲林场、塞罕坝林场等体现劳动精神的案例素材；做好演讲稿和背景演示文稿。

三、活动过程

1. 每组根据抽签顺序进行现场演讲，演讲时间不超过 5 分钟。
2. 所有组别演讲结束后，教师进行点评。
3. 每组开展自评和互评，确定最佳演讲作品。
4. 制作演讲视频，进行班级展演。

四、活动成果

每组剪辑一个不超过 3 分钟的演讲视频，并在公众号等新媒体平台展示。

✥ 知识链接

一、劳动精神的概念与形成的历史因素

1. 劳动精神的概念

劳动是人的类本质，是人类社会生存和发展的基础。劳动精神指的是广大劳动人民在劳动过程中秉持的劳动观念、价值理念及展现出来的劳动态度、精神风貌。劳动精神是民族精神和时代精神的生动体现，是国家繁荣、民族强盛、人民幸福的强大精神动力，具有深厚的历史积淀和丰富的思想内涵。

2. 劳动精神形成的历史因素

（1）马克思劳动观的出现

劳动是人的类本质：没有劳动就没有人类的生存，没有劳动就没有人类的发展，劳动是确证人的本质的关键因素。"自由的有意识的活动恰恰就是人的类特性。"这是马克思早期对于人的本质的认识。"自由的有意识的活动"即劳动，是一切人所共有的一般本质。劳动之所以是人的类本质，是因为：首先，劳动创造人类。在《劳动在从猿到人转变过程中的作用》一文中，恩格斯详尽描述了人猿相揖别的过程。劳动是这个过程中最重要的推动力量。其次，劳动发展人类。人类不同于动物的根本区别在于人具有社会性。通过劳动，人由生物学意义上的人转变为拥有社会属性的人，进而发展为完整意义上的人，即真正的人是通过从事物质资料生产劳动进入一定社会生产关系之中的人。劳动既是财富的源泉，也是实现人的解放的路径。马克思以劳动为切口，深刻剖析资本主义经济运行规律；从分析劳动二重性开始，系统阐明政治经济学基本原理。同时，马克思在经过漫长的思想苦旅之后，找到了实现人的解放的根本路径——劳动。一方面，劳动的本质属性决定了作为劳动主体的人的解放具有必然性。劳动是人类自由的有意识的生命活动，但在资本主义私有制条件下，劳动发生了异化，成为奴役人、压迫人的手段。资本主义制度创造了史无前例的财富积累，同时制造了自己的掘墓人——无产阶级。另一方面，劳动创造了人类解放的现实条件。人们通过劳动解决了基本生活需求之后，自然而然地产生了精神文化需求及全

面发展的需求。劳动生产力水平的提高，将劳动者从繁重、机械的劳动中解放出来，人们有更多的可支配时间发展自己的兴趣爱好，提升自我的素质能力，为人的自由全面发展创造了条件。

（2）中华优秀传统文化的传承

劳动精神的形成和发展离不开中华优秀传统文化的深厚滋养。首先，勤劳是中华民族的传统美德。翻开我国古代文学作品，历代文人墨客写下了许多关于古人辛勤劳动的诗篇。早在春秋时期，便有"民生在勤，勤则不匮"的箴言；东晋陶渊明曾发出"人生归有道，衣食固其端，孰是却不营，而以求自安"的诘问；民间亦有"富贵本无根，尽从勤里得"的谚语。这些诗歌谚语凸显了劳动在人的生存和发展中的重要性，表达了尊重劳动、崇尚劳动的文化传统。其次，以天下苍生为使命是中国传统劳动思想的价值追求。在中国神话故事中，女娲耗费心血炼石补天，大禹治水三过家门而不入，后羿射日救民于炙烤之中，神农尝百草以身试毒，等等，无不彰显着无私奉献、舍己为人的精神品格，成为中国传统劳动思想的精神标识。最后，讴歌劳动人民是中国传统劳动思想的重要内容。"民为邦本，本固邦宁"凸显的是劳动人民在强基固本中的重要性，"天之生民，非为君也。天之立君，以为民本"体现出以人为本的思想，为劳动精神所继承和发扬。

（3）中国共产党领导下的人民群众的劳动活动

土地革命时期，党在革命根据地开展打土豪、分田地的革命斗争，极大地激发了农民的耕作热情，解除了制约生产力发展的桎梏。抗日战争时期，党领导抗日根据地人民掀起热火朝天的大生产运动，为化解根据地供需矛盾、赢得抗日战争的胜利奠定了坚实的物质基础，同时也孕育了自力更生、艰苦奋斗的拼搏精神，成为劳动精神的重要组成部分。解放战争时期，党在解放区实行土地改革，"耕者有其田"、按人口平均分配土地等政策的实施，使农民翻身获得解放，极大地提高了劳动农民的生产积极性和革命热情，树立了"劳动光荣、劳动致富"的劳动观念。中华人民共和国成立后，在党的领导下，工人阶级和广大农民以高度的主人翁责任感，在自己的岗位上勤勤恳恳、艰苦创业，以"老黄牛"精神丰富着劳动精神的内涵。改革开放以来，知识分子成为工人阶级的一部分，极大地激励了知识分子全身心地投入社会主义现代化建设。随着科学技术对生产力推动作用的日益凸显，历届党和国家领导人都将发展科学技术摆在重要位置，激励着成千上万的知识分子以锐意进取、敢于创新的精神勇攀科学技术高峰，献身国家科技事业的发展，尊重劳动、尊重知识、尊重人才、尊重创造成为改革开放以来的时代强音。

二、劳动精神的内涵

1. 劳动精神在新时代具有更为深刻的内涵

爱岗敬业、勤奋务实的固有本色。一方面，爱岗敬业是劳动精神的基本要求，体现的是对劳动的尊重、崇尚和热爱。勤奋务实是劳动精神的核心要义。勤奋是打开成功之门的钥匙，只有勤劳肯干、勤学苦练，才能不断实现自我突破，开辟人生和事业的前程；务实，就是要脚踏实地、拒绝空想，真抓实干、不务虚功。另一方面，劳动精神在新时代具有诚实守信、艰苦奋斗的鲜明特色。诚实守信是劳动精神的立足基点。诚信是指人与人之间坦诚相待、信守诺言，强调内诚于心、外信于人。新时代赋予艰苦奋斗以新的内涵，要求我们在思想上增强不怕困难的意识，坚定克服困难的信心；在意志上保持昂扬的朝气、奋进的锐气；在行动上不怕苦、不怕累，吃苦在前、享乐在后。

2. 劳模精神是劳动精神在新时代的生动诠释

劳模精神是劳动者品质在劳模身上的集中体现，是劳动精神的生动诠释。习近平总书记指出："劳动模范身上体现的'爱岗敬业、争创一流，艰苦奋斗、勇于创新，淡泊名利、甘于奉献'的劳模精神，是伟大时代精神的生动体现。"在二十四字劳模精神中，爱岗敬业体现基本态度，争创一流体现不懈追求，艰苦奋斗体现良好作风，勇于创新彰显强大动力，淡泊名利突出至高境界，甘于奉献展现无私情怀。劳模精神是劳模群体持有的思想观念和价值取向，但劳模精神不囿于劳模群体，是超越劳模群体的社会性精神。劳模精神已成为劳动精神的一面旗帜，引领更多的劳动者向劳模学习，向劳模看齐，以实际行动践行劳模精神。

3. 工匠精神是劳动精神在新时代的高度升华

工匠精神是劳动精神的重要组成部分，也是劳动精神的升华。相较于劳动精神所具有的综合性、包容性和丰富性，工匠精神更具独特性和品质性。工匠精神的主体是身处平凡岗位却追求不凡的劳动者。追求工匠精神的过程，既是对技艺追求至善至美的过程，也是对人格不断淬炼的过程。当前，进一步弘扬工匠精神，就是要自动摒弃"差不多""过得去"的应付态度，把日臻完美、追求卓越的精神注入劳动实践当中，创造更多有国际竞争力的优质产品，推动中国制造、中国创造走出去、走得远、走得好。

三、弘扬劳动精神的时代价值

1. 弘扬劳动精神是全面建设社会主义现代化国家的时代诉求

劳动是助推社会发展的引擎，是通往美好未来的阶梯。习近平总书记指出："实现我们的奋斗目标，开创我们的美好未来，必须紧紧依靠人民、始终为了人民，必须依靠辛勤劳动、诚实劳动、创造性劳动。"当前，第一个百年奋斗目标已经实现，全面建设社会主义现代化国家新征程已经开启。全面建成社会主义现代化强国，呼唤敢为人先、开拓进取的创新性劳动精神，推动我国实现科技自立自强，解决"卡脖子"的技术难题；呼唤刻苦钻研、精益求精的劳动精神，以知识和技能作为核心驱动力，推动实现高质量发展；呼唤敬业担当、苦干实干的劳动精神，脚踏实地，把实体经济做实做强做优。建设现代化强国，需要一支知识型、技能型、创新型劳动者队伍，在劳动精神的号召下，发挥工人阶级主力军作用，撸起袖子加油干。

2. 弘扬劳动精神是培养高尚道德情操的实践要求

中华民族自古以来就是热爱劳动的民族，以崇尚劳动，尊重劳动者为表征的劳动精神是中华民族的宝贵精神财富，是培育和践行社会主义核心价值观的原生要素，理应成为全社会每个人的精神底色。然而，随着科技和社会的急速发展，劳动主体、劳动形式等发生了巨大的变化，劳动范畴丰富化、经济主体多元化、思想多元化、价值多元化、利益诉求多元化等对传统的劳动价值观念产生了巨大冲击。在这种环境下，更需要大力弘扬劳动精神，端正人们对劳动的认知，培养高尚道德品质，提高中华民族整体思想道德水平，推进社会主义精神文明建设。

3. 弘扬劳动精神是贯彻落实以人民为中心的发展思想的重要支撑

以人民为中心的发展理念贯穿习近平治国理政思想和实践，是马克思主义价值观的时代彰显，是中国共产党的最高价值遵循。劳动精神坚持以人民为中心的价值导向，奉行"发展依靠人民、发展为了人民、发展成果由人民共享"的理念，体现了劳动主体与劳动目的的统一。一方面，劳动精神充分肯定了劳动人民的主体地位，尊重和鼓励一切劳动者以及他们的劳动创造，使广大人民群众在劳动中感受到幸福感和获得感。另一方面，劳动精神坚持劳动使人幸福的共享理念，通过辛勤劳动获得实实在在的利益，更加公平地享有劳动成果。新时代弘扬劳动精神，就是激励广大劳动者积极投身于中国特色社会主义伟大事业建设之中。

4. 弘扬劳动精神是培育社会主义建设者和接班人的必备举措

当前，加快建设宏大的知识型、技能型、创新型劳动者大军迫在眉睫。劳动精神培育是培养和造就时代新人的必然要求。围绕培育时代新人这个重大命题，在全社会尤其是学校教育中培育和弘扬劳动精神，引导青少年树立正确的劳动价值观，培养良好的劳动态度，涵养深厚的劳动情怀，培养高尚的劳动品质，激发广大青少年的积极性、主动性和创造性。在劳动的过程中，促进青少年的道德品质、智力水平、体力水平和审美能力充分提升，并实现自我价值与社会价值的统一，最终实现人的自由全面发展。

📖 拓展阅读

一、自己动手、丰衣足食——劳动，通向伟大梦想

陕北南泥湾，延安大生产运动纪念碑静静矗立。碑身上"自己动手、丰衣足食"八个大字遒劲有力。抗日战争进入相持阶段后，由于日军的疯狂进攻和大规模"扫荡"，国民党顽固派的军事包围和经济封锁，陕甘宁边区及各抗日根据地财政经济发生极大困难，一度陷入没粮、没油、没纸、没衣、没经费的境地。

危难之际，党中央号召边区军民自力更生，克服困难。一场轰轰烈烈的大生产运动就这样在黄土高原开展起来——1941年春，迎着料峭寒风，三五九旅的战士肩挎钢枪、手握镢头，挺进南泥湾垦荒。广大军民以高昂的劳动热情，将荒无人烟的"烂泥湾"变成庄稼遍地、牛羊成群的"陕北好江南"。纺一根线、垦一亩荒，边区军民在逆境中自己动手、丰衣足食，顽强生存、英勇斗争。毛泽东指出，"这是中国历史上从来未有的奇迹"。

二、牢记使命、艰苦创业、绿色发展——塞罕坝精神

走进河北与内蒙古交界的塞罕坝机械林场，置身茫茫林海，很难想象这里曾经是寸草难生的一片荒漠。

塞罕坝，意为"美丽的高岭"，曾是清代皇家猎苑木兰围场的重要组成部分，后因开围垦荒、大肆砍树，逐步退化成荒原沙地。20世纪60年代初，为改变"风沙紧逼北京城"的严峻形势，国家下决心建一座大型国有林场，恢复植被，阻断风沙。

在荒凉了近半个世纪的塞罕坝植树造林谈何容易！最低气温零下43.3℃，年平均温度零下1.3℃，高寒高海拔地区造林经验几乎为零……林场第一批建设者赵振宇回忆说："当时到处是沙地和光山秃岭，风卷着沙粒雪粒遮天盖日，打到脸上像刀割一样疼。"

听党召唤，不辱使命。尽管条件艰苦，却未挡住一群年轻人勇于担当的步伐。1962年，来自全国18个省份的127名大中专毕业生奔赴塞罕坝，与当地林场242名干部职工一起，组成一支平均年龄不足24岁的创业队伍，开始了战天斗地的拓荒之路。

"那时，我们喝的是雪水、雨水、沟塘子里的水，吃的是黑莜面窝头、土豆和咸菜。"当年跟5名女同学一起毅然奔赴坝上的陈彦娴，如今已是满头银发，忆起当年的艰苦磨难却未曾有过后悔，"每每看到自己亲手栽下的树苗长成大树，幸福感就难以言说。"

因缺乏在高寒地区造林的经验，1962年、1963年塞罕坝造林成活率不到8%。一次又一次造林失败，动摇了人们的信心。"山上能自然生长落叶松，我就不信机械造林不活！"林场第一任党委书记王尚海下了狠心，带领职工在距离林场办公区不远的马蹄坑开展了一场"马蹄坑大会战"。连续多日吃住在山上，艰苦付出终换来回报：这次"会战"共栽植落叶松516亩，成活率90%以上。王尚海激动地跪在山坡上，泪流满面。

忠于使命的精神贯穿王尚海的一生。1989年去世后，家人遵从其遗愿，把他的骨灰撒在塞罕坝。伴他长眠的落叶松林如今叫"尚海纪念林"，成为百万亩林海的起源地。

塞罕坝机械林场党委书记安长明说："为首都阻沙源、为京津涵水源就是塞罕坝人的崇高理想，种树就是他们坚如磐石的使命。"

2017年8月，习近平总书记对塞罕坝机械林场建设者感人事迹作出重要指示，为塞罕坝精神作出定义：牢记使命、艰苦创业、绿色发展。

项目六

工匠精神

◈ **学习目标**

（1）了解工匠及工匠精神的概念与内涵。

（2）熟悉工匠精神的特征。

（3）了解技能大赛与工匠精神的关系，理解工匠精神的时代价值。

（4）学习《大国工匠》的先进事迹，能讲好工匠故事，弘扬工匠精神。

◈ **实践活动**

讲述工匠故事，弘扬工匠精神

一、活动目标

通过讲述工匠故事，让学生感悟工匠精神和践行执着专注、精益求精、一丝不苟、追求卓越的理念，引领学生弘扬工匠精神，树立正确的价值取向，争做时代新人，为推进中国式现代化强基赋能。

二、活动准备

根据学生人数进行分组，收集我国古今工匠模范事迹素材，准备好背景音乐、视频、道具、演示文稿等，以演讲、案例讲解、人物访谈、事迹分享、情景剧等创意表现形式进行展示。

三、活动过程

1. 根据课前准备，分组展示。

2. 所有组别展示结束后，教师进行点评。

3. 每组开展自评和互评，确定最佳展示作品。

4. 制作展示视频，进行班级展演。

四、活动成果

把这次活动的过程和感受记录下来，每组以"工匠精神"为主题上交一份作品，作品形式可以是绘画、手抄报、剪纸、剪贴报等。

观看《大国工匠》纪录片

一、活动目标

营造浓厚的学习氛围，引领学生认真体会、深入思考和感悟工匠精神的深刻内涵，激励学生树立职业信心、提升职业技能。

二、活动准备

准备好《大国工匠》纪录片视频。

三、活动过程

现场播放《大国工匠》纪录片，学生观看。

四、活动成果

每人提交一份不少于 1000 字的《大国工匠》观后感；或者挖掘身边的工匠故事，制作 5 分钟左右创意短片并提交。

讨论技能大赛与工匠精神的关系

一、活动目标

了解技能大赛与工匠精神的关系，发挥技能大赛"以赛促学、以赛提能、以赛促干"的作用，引领学生积极参与技能竞赛，激发学生学习兴趣，提升专业技能，传承、践行工匠精神。

二、活动准备

以小组为单位，搜集世界技能大赛获得者的事迹素材，制作讲稿和演示文稿。

三、活动过程

1. 各组结合自身实际谈谈技能竞赛与工匠精神的关系。
2. 教师对小组观点进行点评。
3. 教师引导学生正确理解工匠精神，让学生积极投身劳动实践。

四、活动成果

采访技能大赛获得者（可以是校级、省级、国家级或者世界级），撰写一份采访稿。

◈ 知识链接

一、工匠精神的概念与内涵

1. 工匠

在西方文化中，工匠（artisan）一词的本义源自拉丁语中一种被称为"ars"的体力劳动，意为把某种东西"聚拢、捏合和进行塑形"（to put together, join, or fit）。随着这种劳动形式逐渐丰富，工匠演变为"技能、技巧、技艺"（art）的意思。而"artisan"作为工匠、手工艺人的含义，是通过 16 世纪法语"artisan"和意大利语"artigiano"的含义确定的，并于 17 世纪早期开始广泛使用。

在中华文化中，工匠发展于中华传统文化的历史长河之中，有着深厚的历史文化内涵。工匠一词原本是由工与匠这两个相互独立的词语构成的，但是工、匠以及工匠的含义在汉语史上存在一个演变的过程。古文字学家杨树达最早将工解释为："象曲尺之形，盖工即曲尺也。"后来《考工典》引王昭禹所言"兴事造业之谓工"。《辞海·工部》中也指出："工，匠也。凡执艺事成器物以利用者，皆谓之工。"经过演变，工的含义由"曲尺"逐渐扩展到工业和工人。匠最早在《说文解字》中被解释为"匠，木工也"，专指木工。随着手工业分工的精细化，工与匠逐渐合为一体，于是便有了"工在籍谓之匠"的说法。《荀子·儒效》中记载"积斫削而为工匠"。

在古代，工匠一词泛指手工业劳动者，即工艺技术劳动者，或者说精于技艺、巧于动手的人。在现代，工匠的概念也有了更加宽泛的外延，不再局限于某种职业，而是包括所有社会成员。狭义的工匠指某一行业或者领域内技艺高超的领军人物。广义的工匠泛指在学习、工作、生活等领域能够全身心投入，并做到专心致志、锲而不舍、追求极致的人。

2. 工匠精神

中国自古就有"匠文化"传统，有"技近乎道"的文化渊源。工匠精神，最早对其进行诠释见于《周礼·冬官考工记》："知者创物，巧者述之守之，世谓之工。百工之事，皆圣人之作也。烁金以为刃，凝土以为器，作车以行陆，作舟行水，此皆圣人之所作也。"古人将制作利刃、陶器、车、船等的人作为圣人，由此可见古人对工匠精神的赞美。古代的工匠精神包含着尊师重道的求学精神、德艺兼修的道德信仰、道技合一的人生态度。

在当代，工匠精神是一种精神品质，有狭义和广义之分，狭义的工匠精神是指表现在工匠个人身上的一种精神品质，广义的工匠精神是指全社会所有劳动者身上所拥有的，并在工作过程中展现的一种态度与品质。专注是工匠精神的关键，标准是工匠精神的基石，精准是工匠精神的宗旨，创新是工匠精神的灵魂，完美是工匠精神的境界，人本是工匠精神的核心。工匠精神脱胎于工匠对产品质量的执着，却又超越工匠对产品品质的追求。随着时代的发展，工匠精神逐渐成为人人都想要追求的价值理念，也成为各个行业都想要极力遵守的工作标准。工匠精神，对于个人，是干一行、爱一行、专一行、精一行，务实肯干、坚持不懈、精雕细琢的敬业精神；对于企业，是守专长、制精品、创技术、建标准，持之以恒、精益求精、开拓创新的企业文化；对于社会，是讲合作、守契约、重诚信、促和谐，分工合作、协作共赢、完美向上的社会风气。习近平总书记指出："无论从事什么劳动，都要干一行、爱一行、钻一行。在工厂车间，就要弘扬'工匠精神'，精心打磨每一个零部件，生产优质的产品。在田间地头，就要精心耕作，努力赢得丰收。在商场店铺，就要笑迎天下客，童叟无欺，提供优质的服务。只要踏实劳动、勤勉劳动，在平凡岗位上也能干出不平凡的业绩。"

3. 工匠精神的内涵

工匠精神的内涵极其丰富，不同的学者从不同的角度进行了不同的阐释，主要有二维度、三维度、四维度和五维度等。二维度，如工匠精神包含爱岗敬业、精益求精；三维度，如工匠精神包含敬业乐业、专注投入、精益求精；四维度，如工匠精神包含尊师重道、爱岗敬业、精益求精、求实创新；五维度，如工匠精神包含精益求精、严谨细致、爱岗敬业、勇于创新、技艺精进。

进入新时代，必须赋予工匠精神新的时代内涵。2020年11月，习近平总书记在全国劳动模范和先进工作者表彰大会上首次全面阐述了工匠精神的主要内涵，即执着专注、精益求精、一丝不苟、追求卓越。习近平总书记关于工匠精神内涵的重要论述，发展了马克思主义劳动价值理论，体现了马克思主义基本原理与中华优秀传统文化相结合，为推进中国式现代化提供了精神指引。

（1）执着专注

执着专注是指执着的态度和专注的程度，是永不放弃的精髓，是难能可贵的坚持，是一如既往的追求。《荀子·劝学》中的"是故无冥冥之志者，无昭昭之明；无惛惛之事者，无赫赫之功"，反映的就是一种执着专注的工作态度。没有潜心钻研的精神，就不会有洞察一切的聪明；没有默默无闻的工作，就不会有显赫卓著的功绩。三天打鱼两天晒网是执着专注的大忌，执着专注不是一天两天，它需要一年、十年，甚至一辈子，多年如一日地把一件事情做好，把一件产品做完美。实际上，得心应手的技能、巧夺天工的技术和出神入化的技艺，正是来源于执着专注。执着专注需要锲而不舍的坚持、专心致志的态度、淡泊宁静的境界，遇到艰难时还需要"一生只为一事来"的信念。陈景润刻苦钻研，发表了"陈氏定理"，在数学领域取得巨大成就。大国工匠秦世俊从事数控加工，二十年如一日潜心钻研，实现了镗削加工精度面粗糙度达到 $Ra\,0.13$ 至 $Ra\,0.18$ 的镜面级，让中国制造更具话语权。

（2）精益求精

精益求精是指注重细节、孜孜不倦、反复改进、追求完美。《诗经》中的"如切如磋，如琢如磨"，反映的就是古代工匠雕琢器物时精益求精的工作态度。经过几千年的岁月洗礼和先贤实践，这种精益求精的精神品质早已融入中华民族的文化血脉，并日见厚重。精益求精就是把做好每件事情的着力点放在每一个环节、每一个步骤上，不心浮气躁、不好高骛远；以严谨的工作态度审视工作，不允许有任何的疏漏；严谨细致地做事，杜绝投机取巧。精益求精作为一种精神，是优秀工匠共同具有的思想特质和从业准则。在纷繁的社会中，我们只有沉下身、静下心，术业有专攻，精益求精，才能抵达新境界。大国工匠高凤林用自己精益求精、精雕细琢的态度将焊接停留的时间从0.1秒缩短到0.01秒，实现了焊接速度的突破。

（3）一丝不苟

一丝不苟是指认真细致的工作态度和严谨求实的工作作风，容不得丝毫马虎，形容办事极为认真。自古以来，我国就有尊崇一丝不苟的优良品质，老子《道德经》中有"天下大事，必作于细"，《淮南子》云"心不专一，不可专诚"，体现的就是一丝不苟的精神。唯有一丝不苟地用心做事，方可学有所成、行有所得。作为通向精益求精的必经之路，一丝不苟主要体现在始终严格遵守工作规范和质量标准，兢兢业业做事，把每个操作要求和工作步骤都落到实处，不敷衍了事，不放过任何一个细节和细微之处，确保工作符合标准甚至高于标准，没有瑕疵，不留缺憾。一丝不苟不仅是一种工作态度，还是一种行为习惯，一种职业操守；一丝不苟不仅是工匠精神的体现，还是一个人品行的反映。养成一丝不苟的习惯，是每个人事业道路上极其重要的必修课。大国工匠郑志明在钳工的工作岗位上兢兢业业，以一丝不苟的工作态度，将钳工技能练得炉火纯青，将手工锉削的精度控制在"航天级"的 0.002 毫米，完成创新项目 1100 项，交付自动化工艺装备 2190 台（套），并解决多个中国汽车工业的生产难题。

（4）追求卓越

追求卓越是一种理想信念，体现了远大理想和崇高使命，是精益求精的最高境界。唐太宗李世民在《帝范》序文中亦言："取法于上，仅得为中，取法于中，故为其下。"表明要放宽视野，定高目标，才能取得令自己满意的成果，体现了追求卓越的人生态度。无论做什么事，必须以"抓铁有痕、踏石留印"的态度，追求实现"要么数一数二，要么独一无二"的卓越境界。追求卓越既是一种传承，更是一种创新。传统的工匠精神强调的是继承，祖传父、父传子、子传孙，是传统技艺传承的一种主要方式；而新时代的工匠精神强调的是在继承基础上的创新，以满足人民对美好生活的需要。创新是一个民族进步的灵魂，是一个国家兴旺发达的不竭动力。一个民族的创新离不开技艺的创新。每一个产品的开发、每一项技术的革新、每一道工艺的更新，不仅需要高超的技艺，而且需要强烈的创新意识和创新能力。大国工匠成卫东，在 25 年的港口工作中，始终将提高生产作业效率当成自己的使命，结合生产作业实际情况，勇于创新，发明了拖车"快""准""稳"工作法，工作效率提高了 16.7%。

总而言之，工匠精神就是"择一事终一生"的执着专注，"干一行专一行"的精益求精，"偏毫厘不敢安"的一丝不苟，"千万锤成一器"的卓越追求。

二、工匠精神的特点

1. 传承性

一个民族的历史是一个民族安身立命的重要基石。5000 多年的中华文明，灿烂星河，绵延闪耀，是中华民族生生不息的力量源泉。从古至今，工匠精神一直难能可贵。《考工记解》中有："周人尚文采，古虽有车，至周而愈精，故一器而工聚焉。如陶器亦自古有之。舜防时，已陶渔矣，必至虞时，瓦器愈精好也。"反映的正是我国古代的能工巧匠不断追求技艺精进的精神品格。工匠精神一直流淌于中华民族的血脉之中，我国历史上的四羊方尊、都江堰、赵州桥、四大发明等，都是工匠精神的化身，历朝历代工匠的智慧和创造，铸就了一部光辉灿烂的中华文明史。中华人民共和国成立以来，一批又一批劳动者在党的领导下，始终坚持弘扬工匠精神，通过奋斗创造了一个又一个"中国奇迹"。当今，工匠精神在各行各业发挥了至关重要的作用，神舟飞天的"中国高度"，蛟龙潜海的"中国深度"，高铁奔腾的"中国速度"，都是工匠精神的结晶。"汉字激光照排系统之父"王选、"火箭发动机焊接的中国第一人"高凤林、先后八次打破集装箱装卸世界纪录的许振超等人，都是工匠精神的优秀传承者。无论是红旗渠、南京长江大桥、港珠澳大桥，还是北斗导航和天眼、"悟空"号卫星、"墨子"号量子科学实验卫星、大飞机取得的辉煌成就，都展现出对工匠精神的继承与发扬。工匠精神已成为新时代引领社会风尚，构建新发展格局，实现中华民族伟大复兴中国梦的重要支撑。

2. 时代性

不同的时代，工匠精神的内涵不同。在古代，工匠用刻刀、斧头、锤子和炉火等留下了属于自己的印记，以杰出的智慧、精湛的技艺、非凡的创造为后人留下了丰富物质遗产和宝贵精神财富，用心智和双手缔造了一个个神话般的人间奇迹，推动了我国古代文明发展的历史进程，形成了我国工匠独具一格的"尚巧""求精"精神特质。在新民主主义革命时期，为推翻"三座大山"，实现民族独立，英勇的中国人民投身革命，抛头颅洒热血，为革命奋战至最后一刻，这种守望相助、坚韧不拔、敢于反抗的拼搏精神也为工匠精神打上了时代的烙印；在社会主义建设时期，"宁可少活20年，拼命也要拿下大油田""有条件要上，没有条件创造条件也要上"的艰苦奋斗精神为工匠精神增添了新的色彩；在改革开放时期，抱着"咬定青山不放松"的信念，以啃硬骨头、钉钉子的精神，以逢山开路、遇河架桥的魄力，一锤接着一锤敲，一张蓝图绘到底，为深入推进改革破除障碍、铺平道路的锲而不舍精神给工匠精神镌刻了改革开放的印记。新时代，我们全面建成了小康社会，实现了第一个百年奋斗目标，但是不平衡不充分的发展问题仍然存在，随着新一轮科技与产业革命的加速演进，工匠精神被进一步地深化和升华，被赋予了更多创新的内涵，这也对各行各业的劳动者提出了更高的要求、更新的展望。可见，工匠精神在中华文化的历史发展长河中，适应时代使命，顺应时代召唤，展现时代风貌。

3. 实践性

习近平总书记在同全国劳动模范代表座谈时曾表示："我们说'空谈误国，实干兴邦'，实干首先就要脚踏实地劳动。"一个人能否具有工匠精神，就要看他在劳动中能否做到执着专注、精益求精、一丝不苟、追求卓越。中国人之所以认为设计和建造都江堰的李冰有工匠精神，是因为他历经数载，沿岷江实地考察，反复研究，通过实践提出了治理水患必须遵循的"深淘滩、低作堰"六字真经和"遇湾截角，逢正抽心"八字真言；通过日夜守在工地，随时研究工程中的问题，发明了竹笼装满鹅卵石沉江堵水的技术，最终修成了全世界公认的伟大生态工程——都江堰。我们认为鲁班具有工匠精神，是因为他从生活实践中受到启示，经过反复探索与实践，发明了锯子、曲尺、云梯、石磨、钩强、墨斗等许多精巧实用的工具。工匠精神虽然属于精神财富，但也不能脱离实践，只有在实践中践行工匠精神，才能更好地发挥工匠精神，升华工匠精神。践行工匠精神，需要倾力专注、精益求精，把自己的时间、精力和智慧凝聚到所要做的事情上，从而最大限度地发挥积极性、主动性和创造性，要坚持高标准、严要求，做好每项工作，办好每件事情，将各项工作做到极致、做出境界、做成精品。践行工匠精神，就要在工作落实上持之以恒。干工作要像工匠求艺那样，要耐得住寂寞，稳得住心神，经得住诱惑。要有滚石上山的勇气和气魄，少一些急功近利，多一些真抓实干，一步一步推进，一点一点积累，实现量变到质变的跨越。践行工匠精神，就要在精雕细刻、力求完美上下功夫。不能没有至精至善至美的追求，不能有"萝卜快了不洗泥"、做"差不多先生"的心态，要再添一口气、再加一把力。

三、工匠精神的时代价值

1. 工匠精神是落实立德树人根本任务的客观需要

新时代教育的根本任务是立德树人，立德树人首先要坚持正确的价值取向。习近平总书记强调："青年的价值取向决定了未来整个社会的价值取向，而青年又处在价值观形成和确立的时期，抓好这一时期的价值观养成十分重要。这就像穿衣服扣扣子一样，如果第一粒扣子扣错了，剩余的扣子都会扣错。"在当前复杂的国际国内形势下，各种不良社会思潮、快餐文化、网络文化等相互激荡，传统观念受到剧烈冲击，大学生价值出现复杂化、多元化发展趋势。物质财富的不断增加，加之家长的袒护溺爱、娇生惯养以及重成绩轻德育现象的激增，导致部分学生价值观念扭曲、道德观念下滑。现实生活中，拜金主义、享乐主义思想泛滥，引发学生坐享其成，期待不劳而获，沉迷于网络却无法潜心学习，专做"咸鱼"拒绝奋斗。选择职业时，眼高手低，不愿意到一线，频繁跳槽始终难以找到满意的工作，更有甚者不愿意就业、慢就业，或者干脆躺在家里"啃老"。种种不良现象屡见不鲜，大学生的价值观教育培养迫在眉睫。工匠精神作为一种积极向上的价值观，在落实立德树人根本任务方面起着举足轻重的作用。工匠精神有强烈的社会实践性，是锤炼本领、砥砺奋斗的最好体现，是克服艰难险阻的精神支持，是大学生成长成才不可或缺的营养剂。将工匠精神融入学生日常思想政治教育、专业教学、课程思政、创新创业等领域，可以引领学生向大国工匠看齐，学习大国工匠坚定不移的精神，热爱专业、努力提升专业技能，树立敬业乐业、求真务实的就业观念，立足岗位、立足行业、立足社会，热爱本职、脚踏实地、勤勤恳恳、兢兢业业、尽职尽责、精益求精，将"小我"融入"大我"之中，到祖国最需要的地方绽放青春之花。

2. 工匠精神是传承中华优秀传统文化的现实需要

2023 年 6 月 2 日在文化传承发展座谈会上，习近平总书记指出："中华文明具有突出的连续性。中华文明是世界上唯一绵延不断且以国家形态发展至今的伟大文明。"2023 年 10 月 7 日至 8 日，在全国宣传思想文化工作会议上，习近平总书记作出重要指示，强调"着力赓续中华文脉、推动中华优秀传统文化创造性转化和创新性发展"。中华优秀传统文化是我国几千年历史文化的沉淀，由各种丰富而具体的文化交织而成，是无数贤人智慧的融合。工匠精神从几千年的历史文化中发展而来，是中华优秀传统文化的宝贵精神财富和重要组成部分，培育工匠精神，是传承中华优秀传统文化的现实需要。工匠精神是中华民族自古迄今执着追求的精神。我国早在西周时期就已设立"百工制度"；《尚书》中"惟精惟一，允执厥中"，表明要一心一意地执着而行，精诚而恳切地坚持做下去，强调执着专注的工匠精神；《庄子》以庖丁解牛、匠石运斧、老汉粘蝉等生动事例告诉人们，古代匠人的技艺能够达到鬼斧神工的至高境界，即所谓"臣之所好者，道也，进乎技矣"；蔡伦带领工匠用树皮、麻头及破布、渔网造出了现代意义上的纸张，经过唐朝以来无数工匠的持续精进，最终蜕变成为举世闻名的"纸中之王"——宣纸，这无不体现了工匠精神的传承发展。许多名胜古迹，如四大园林、四大名楼、故宫、长城、大运河等，这些文化遗产的存在都离不开劳动人民追求卓越的工匠精神。不忘本来才能开辟未来，善于继承才能更好创新。新时代的大国工匠耐心专注、咫尺匠心，诠释极致追求，千锤百炼、身体力行，打磨中国制造，正是对工匠精神传承的生动体现。有文化自信的民族，才能立得住、站得稳、行得远。弘扬工匠精神，传承中华优秀传统文化有利于提高文化软实力，增强文化自信，推动文化繁荣，建设文化强国。

3. 工匠精神是扎实推进中国式现代化的迫切需要

党的二十大报告指出："从现在起，中国共产党的中心任务就是团结带领全国各族人民全面建成社会主义现代化强国、实现第二个百年奋斗目标，以中国式现代化全面推进中华民族伟大复兴。"唯物史观认为，人是生产力要素和现代化进程中最具活力的关键变量。功以才成，业由才广，人才资源是中国式现代化的活力源泉。工匠精神体现了劳动者对产品生产独具匠心、精雕细琢、精益求精、尽善尽美的坚持和追求，蕴含着严谨、执着、敬业、创新等可贵品质。弘扬工匠精神，可以为中国式现代化培养更多能工巧匠、大国工匠，为中国式现代化提供有力的人才和技能支撑，使中国式现代化永葆生机与活力。中国式现代化是物质文明和精神文明相协调的现代化。物质富足、精神富有是社会主义现代化的根本要求。物质富足需要大力发展生产力，发展生产力是创造物质财富的基础和关键，目前我国发展中的矛盾和问题集中在发展质量上。弘扬工匠精神，坚持追求完美的工作态度，把生产高精尖产品和提供精细化服务作为重要价值追求，助力高质量发展推进中国式现代化，改变"大而不强、质量不高"的现象，加快自主创新能力，推动发展质量变革、效率变革、动力变革，实现从"中国制造"向"中国智造"、从"中国速度"向"中国质量"、从"中国产品"向"中国品牌"的转变。工匠精神是实现人的全面发展的必要条件，是精神文明的重要体现。在新的征程上推进中国式现代化，我们需要秉持工匠精神，以执着专注的精神勤奋劳动，以精益求精的价值追求塑造品牌，以一丝不苟的工作作风夯实实力，以追求卓越的创新建功立业，为推进中国式现代化强基赋能。

拓展阅读

一、李德鑫——第 46 届世界技能大赛家具制作项目的金牌获得者

李德鑫，出生于 2000 年 5 月，江西南康人，毕业于江西环境工程职业学院家具艺术设计专业，现留校任教。荣获"全国技术能手""全国青年岗位能手"称号，入选第 46 届世界技能大赛家具制作项目中国集训队，获得 2022 年世界技能大赛特别赛家具制作项目金牌、中华人民共和国第一届职业技能大赛家具制作项目金牌、中华人民共和国第一届职业技能大赛参赛队最佳奖、中国轻工业联合会家具制作项目选拔赛金牌。

李德鑫见证了南康家具从"粗放式"生产到转型升级的历史变迁。受成长环境的影响，高中毕业后的李德鑫选择进入江西环境工程职业学院家具艺术设计专业学习。他坦言："当时的想法很简单，就是考虑到毕业之后能更好就业，而且可以离家更近一点。"但随着学习的不断积累，李德鑫的思考也变得深入起来："家具产业要有更好的发展，必须迈向规范化、高端化、国际化。"他希望能用自己所学，为南康家具产业的转型升级做点贡献。

世界冠军需要有怎样的专业水准？透过比赛的一组组数据可见一斑：组委会给定一张立式柜图纸，要求所有选手在 4 天 22 小时里，独立完成交出成品；以 1 米高的桌腿为例，尺寸差要求在正负 0.5 毫米之内，做不到就得零分；来自 18 个国家和地区的 18 名选手同台竞技，评委会列出多达 146 项的指标进行打分，得分高者胜出。凭借作品超高的还原度和精准度，李德鑫从 18 名选手中脱颖而出。家具制作项目中国技术指导专家组组长刘晓

红说："科学的训练方法成就了李德鑫的金牌。他的作品之所以受到青睐，是因为他在多项技能方面技艺高超。"而在他的教练张付花看来，李德鑫的成功，很大程度源于他阳光上进、精益求精、刻苦钻研、对自己要求很高。"自从他得知决赛时没有午休时间之后，他就开始改掉自己午休的习惯，只为了调整自己的生物钟，在中午时间段仍能保持充沛的体力和精力。"张付花心疼地说。每天，他坚持早起晨练、体能、技术要一一过关，三年多时间从未间断。学校课程安排很系统，甚至专门设有礼仪课程，训练大家的站姿、坐姿，教大家如何上台领奖、展现大国工匠风范。

获奖后，李德鑫感激地说："国家一系列政策红利的释放，让致力于职业技术发展的人才有了更多用武之地，'工匠精神'也得以更好地薪火相传。今后，我将继续坚守职教岗位，用心培养更多的产业工人。相信并期待，未来有更多的大国工匠陆续涌现。"

二、大国工匠年度人物秦世俊——"磨"出来的功夫

从技校毕业生，一步步成长为优秀的技能工人，直至成为航空工业首席技能专家、大国工匠，秦世俊用了 22 年。秦世俊的父亲是哈飞的一名老工人、老劳模，对他的影响非常大。在"航空报国，航空强国"的浓厚氛围中，秦世俊进入航空工业哈尔滨飞机工业集团有限责任公司，开始了职业生涯。当时，数控加工还是全新的工种，秦世俊从零学起，结束一天的工作后，他会继续留在车间，向赶制新零件的夜班师傅学习刀具的准备、刀具长度的测量、工装的选用、加工原点的找正、程序的修改、参数的调整等一系列数控加工前的准备工作。

"我发现有个老师傅在磨削镗刀，镗刀的技术含量特别高，掌握了这门手艺，其他人都会另眼相看。我问他，能不能教我。师傅说，一个小娃子，进厂没几天，不学操作学镗刀干什么？以后再说吧。"秦世俊就偷偷学，模仿老师傅的手法和磨刀的姿势练习。他感觉磨得差不多的镗刀，结果被老师傅直接给扔了："你磨的那是刀吗？能干活吗？"一盆冷水浇下来，秦世俊凉到了心里。他开始一有空就往砂轮间里钻。砂轮间是一个封闭的小房子，里面满是粉尘，双眼迷得通红，嗓子呛得直咳嗽，每天出来后从头到脚全是黑灰。半个月过去了，秦世俊终于磨出了一把刀具，得到了老师傅的认可。小伙子的韧性和好学的劲头，其他师傅都看在了眼里。就这样，秦世俊被宋师傅相中，调到了机床车间，从此，他的数控学徒生涯正式开始。

理论知识加上操作技能，秦世俊废寝忘食地学习。一勤天下无难事。不到一年时间，秦世俊就在公司数控技术比武活动中取得了第一名的好成绩。

从事数控加工的 20 年间，秦世俊实现了镗削加工精度面粗糙度达到 $Ra\,0.13$ 至 $Ra\,0.18$ 的镜面级，先后参与生产加工多个型号飞机零部件的科研等几百项任务，多次参加同行业技术交流、国内外技术深造，学习推广数字化制造、3D 打印技术等前沿数控加工技术，为提升企业技术进步和国家航空装备制造水平作出了卓越贡献。

模块三

加强劳动保护

【内容提要】

　　我国劳动法律的立法和实施在近年来取得了重大进展，标志着我国正式进入了劳动法时代。这一进程对于促进社会公平正义、保障劳动者权益、维护社会稳定具有重要意义。随着社会就业环境迅速发展，诞生了很多新兴职业，在这个不断演变的职业环境中，理解和遵守劳动法律变得至关重要。对于大学生而言，劳动法律不仅是一种法律规范，更是保障其权益和安全的武器。

　　本模块为加强劳动保护，由劳动法律与劳动保护、劳动合同和劳动权益保障三部分内容构成。通过学习，可以使学生理解劳动保护法律的相关概念，帮助学生建立对劳动保护法的全面认知，并培养他们在未来职业生涯中应对各类法律问题的能力。通过学习劳动法律的基本原则、劳动合同的签订、变更、解除和终止等方面的知识，学生可以深刻理解法规对于个体与社会的重要性。通过案例分析，帮助学生更加生动地理解法规在实际工作中的运用。通过学习体验，学生能够自信地步入职场，理解自己的权益与责任，不仅保护个人权益，也为构建安全、公正的劳动环境贡献力量。

【知识标签】

　　劳动保护；劳动法律；劳动权益；劳动合同

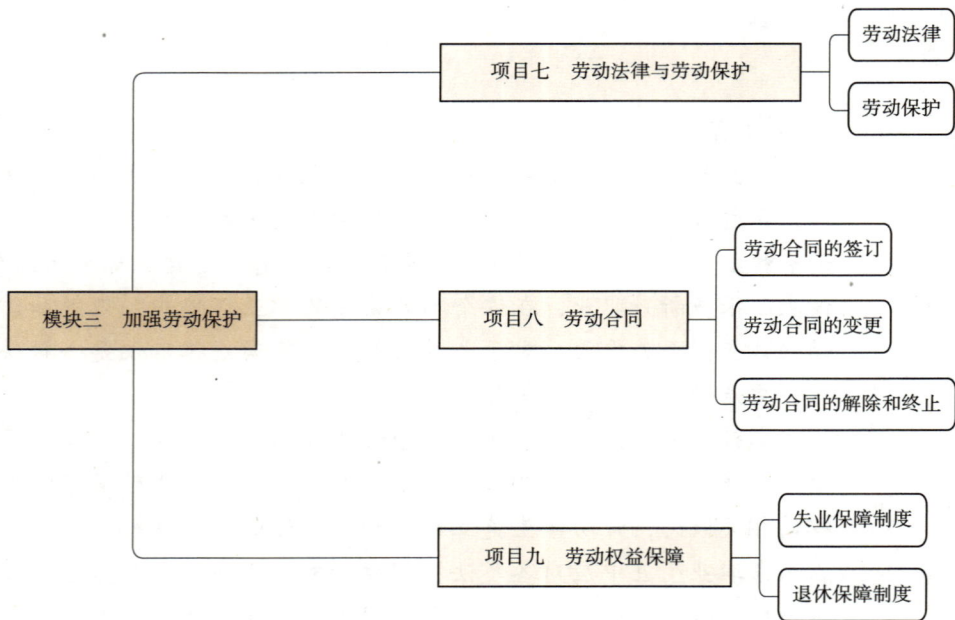

项目七

劳动法律与劳动保护

◈ 学习目标

（1）理解现行劳动法律的核心原则及其在实际工作中的应用。

（2）分析劳动法律对雇员和雇主权利与责任的影响，培养在职场中正确处理法律问题的能力。

（3）认识到劳动法律对职业生涯和整个社会的重要性。

◈ 实践活动

讨论现有劳动法律的应用

一、活动目标

通过讨论并分析劳动法律在实际案例中的应用，理解不同情境下的权利和责任；能够在工作场所中提出改进劳动保护的建议，培养学生解决问题和改善工作环境的能力。

二、活动准备

1. 准备多个实际案例，涵盖劳动法律的各个方面。

2. 准备讨论指南，包括案例分析和引导学生思考的问题。

三、活动过程

1. 案例分析、小组讨论

（1）将学生分成几个小组，每组分配一个实际案例。

（2）学生在小组内分析案例，讨论并回答相关问题。

（3）强调在讨论中关注劳动者权益、雇主责任和法规遵从。

2. 小组汇报

（1）每个小组向全班汇报他们的案例分析和讨论结果。

（2）教师引导学生总结从案例中获得的经验。

3. 建议、总结

（1）以小组为单位提出在案例中改进劳动保护的建议。

（2）教师引导全班讨论这些建议的可行性和实际操作性。

（3）学生分组撰写一份小结报告，总结案例分析和改进建议。

四、活动成果

1. 每组完成一份案例分析报告，记录每组的讨论结果和建议。

2. 每组完成一份小结报告，包括学生对于劳动保护法律法规应用的认识和提出的改进建议。

◈ 知识链接

一、劳动法律

劳动法律是指用以调整劳动关系及与劳动关系密切相关的其他社会关系的法律规范的总称。它主要包括劳动合同法、劳动争议调解仲裁法、劳动标准法、就业促进法等多个方面，旨在保护劳动者的合法权益，维护劳动市场秩序，促进社会和谐稳定。

1. 劳动法律的基本原则

（1）合法权益保护原则

劳动法要保障劳动者的合法权益不受侵害，包括工作权、休息休假权、安全卫生权、获得劳动报酬权、接受职业培训权、社会保险和福利权等。

（2）平等就业原则

国家实行平等就业政策，任何适龄劳动者都有权利根据自己的意愿选择职业，不受歧视。

（3）协商一致原则

劳动者与用人单位在订立、履行和变更劳动合同中的事项上，应当遵循平等协商的原则，任何一方不得强迫对方或者非法限制对方的权利。

（4）公平原则

劳动法要求用人单位在用工、管理、解雇等各个环节中，都必须公平对待每一位劳动者。

（5）劳动报酬原则

劳动者有权获得与其劳动相对应的报酬，用人单位应当按时足额支付劳动报酬。

（6）劳动安全卫生原则

用人单位有义务为劳动者提供安全卫生的劳动条件，防止工伤事故的发生，并对劳动者进行安全生产教育。

（7）劳动纪律和劳动秩序原则

劳动者应当遵守劳动纪律和劳动秩序，用人单位也应当建立合理的管理规章制度。

（8）社会保障原则

国家建立社会保险体系，包括养老保险、医疗保险、失业保险、工伤保险和生育保险，以保障劳动者在遭遇相应风险时的基本生活。

（9）劳动争议处理原则

劳动争议应通过协商解决，协商不成的，可以申请调解、仲裁或者提起诉讼。

这些基本原则体现了中国劳动法立法的宗旨和目标，即在保护劳动者合法权益的同时，维护劳动关系的稳定，推动社会和谐与经济发展。

2. 劳动法律的范围

（1）劳动关系的形成、变更、终止和劳动合同的管理

劳动法律的范围包括劳动合同的签订、履行、修改、解除和终止等各个环节，确保劳动关系的稳定性和合同条款的公平性。同时，劳动法律也规定了试用期、工作时间、休息和休假、工资支付、社会保险和福利等方面的基本标准。

（2）劳动者权益的保护

这方面的内容包括但不限于工作安全与卫生、女职工和未成年工特殊保护、劳动者培训、职业病防治等。通过这些规定，确保劳动者在工作中的人身安全和健康得到妥善保障，预防和减少职业危害。

（3）劳动争议的处理机制

主要涉及劳动争议的调解、仲裁和诉讼程序，为解决劳动关系中出现的问题提供了法律途径。通过建立有效的争议解决机制，可以及时处理和解决劳动争议，保护劳动者和用人单位的合法权益。

总之，劳动法律的范围广泛，它通过设立一系列的法律规范来调整和保护劳动关系，确保劳动市场的公正、公平和高效运行，同时也体现了国家对劳动者权益保护的重视和对社会和谐稳定的追求。劳动法律的完善与实施，对于构建和谐劳动关系、推动社会经济的健康发展具有重要意义。

二、劳动保护

劳动保护是指国家、社会、企业和个人为了保障劳动者在劳动过程中的生命安全和健康，采取的各项法律、政策和措施。它是现代社会保障劳动者权益的重要组成部分，是维护社会稳定和谐、促进经济可持续发展的基础。劳动保护的核心是确保劳动者的生命安全和身体健康。为此，国家出台了一系列劳动安全卫生法律法规，明确了用人单位在劳动保护方面的责任和义务。如《中华人民共和国劳动法》《中华人民共和国安全生产法》等，这些法律法规对工作场所的安全生产条件、劳动者的劳动强度、工作时间、休息休假以及职业病防治等方面都做了具体规定。

1. 劳动者权益保护

用人单位必须为劳动者提供符合国家安全生产标准的劳动条件和劳动保护用品，定期组织劳动安全卫生教育和培训，增强劳动者的安全意识和自我保护能力。同时，还应建立健全职业健康监护制度，定期对劳动者进行职业病危害因素的检测和职业健康检查，及时发现和处理职业病危害。

2. 雇主责任与义务

雇主在雇佣劳动者时也有一系列的责任与义务。《中华人民共和国劳动法》第五十四条明确规定："用人单位必须为劳动者提供符合国家规定的劳动安全卫生条件和必要的劳动防护用品，对从事有职业危害作业的劳动者应当定期进行健康检查。"雇主需提供安全的工作环境，确保员工的基本生活和工作条件。劳动保护还包括对特殊群体的保护，如女性劳

动者和未成年工的特殊保护。根据相关法律规定，对于孕期、产期、哺乳期的女性劳动者，用人单位应当减轻其劳动量，不得安排夜班和加班工作；对于未成年工，不得安排从事重体力劳动或者有毒有害作业。此外，劳动保护还涉及劳动者在工作中遭受工伤时的权益保障。根据《工伤保险条例》，劳动者一旦遭受工伤，用人单位和社会保险机构应当依法承担工伤保险待遇，包括医疗费用、伤残津贴、一次性伤残补助金等。劳动保护不仅仅是用人单位的责任，劳动者也应当自觉遵守劳动安全卫生规章制度，正确使用劳动保护用品，积极参加劳动安全卫生教育和培训，增强自我保护意识和能力。

3. 社会实践劳动安全

社会实践中的劳动安全问题备受关注。学生需要理解在不同行业和工作环境中可能存在的安全风险，并学会采取预防措施以及应对紧急情况。劳动安全的意识不仅关乎个体，也关系到整个社会的稳定和发展。《中华人民共和国安全生产法》明确规定："生产经营单位必须遵守本法和其他有关安全生产的法律、法规，加强安全生产管理，建立健全全员安全生产责任制和安全生产规章制度，加大对安全生产资金、物资、技术、人员的投入保障力度，改善安全生产条件，加强安全生产标准化、信息化建设，构建安全风险分级管控和隐患排查治理双重预防机制，健全风险防范化解机制，提高安全生产水平，确保安全生产。"这一法规要求用人单位加强对劳动安全的管理，确保员工的身体健康和生命安全。

劳动保护是一个系统工程，需要国家、社会、企业和劳动者共同努力。通过完善法律法规，加强劳动保护措施的实施，不断提高劳动者的安全卫生水平，可以构建一个更加公平、安全、健康的劳动环境，促进社会和谐稳定，推动经济社会的全面发展。

【案例】

劳动者与用人单位订立放弃加班费协议，能否主张加班费？

基本案情

张某于 2020 年 6 月入职某科技公司，月工资 20 000 元。某科技公司在与张某订立劳动合同时，要求其订立一份协议作为合同附件，协议内容包括"我自愿申请加入公司奋斗者计划，放弃加班费。"半年后，张某因个人原因提出解除劳动合同，并要求支付加班费。某科技公司认可张某加班事实，但以其自愿订立放弃加班费协议为由拒绝支付。张某向劳动人事争议仲裁委员会（以下简称仲裁委员会）申请仲裁。

申请人请求

请求裁决某科技公司支付 2020 年 6~12 月加班费 24 000 元。

处理结果

仲裁委员会裁决某科技公司支付张某 2020 年 6~12 月加班费 24 000 元。

案例分析

本案的争议焦点是张某订立放弃加班费协议后，还能否主张加班费。

《中华人民共和国劳动合同法》第二十六条规定："下列劳动合同无效或者部分无

效……(二)用人单位免除自己的法定责任、排除劳动者权利的"。《最高人民法院关于审理劳动争议案件适用法律问题的解释(一)》第三十五条规定："劳动者与用人单位就解除或者终止劳动合同办理相关手续、支付工资报酬、加班费、经济补偿或者赔偿金等达成的协议，不违反法律、行政法规的强制性规定，且不存在欺诈、胁迫或者乘人之危情形的，应当认定有效。前款协议存在重大误解或者显失公平情形，当事人请求撤销的，人民法院应予支持。"加班费是劳动者延长工作时间的工资报酬，《中华人民共和国劳动法》第四十四条、《中华人民共和国劳动合同法》第三十一条明确规定了用人单位支付劳动者加班费的责任。约定放弃加班费的协议免除了用人单位的法定责任、排除了劳动者权利，显失公平，应认定无效。

本案中，某科技公司利用在订立劳动合同时的主导地位，要求张某在其单方制定的格式条款上签字放弃加班费，既违反法律规定，也违背公平原则，侵害了张某工资报酬权益。故仲裁委员会依法裁决某科技公司支付张某加班费。

项目八

劳动合同

◈ **学习目标**

（1）理解劳动合同的重要性和基本原则。

（2）掌握劳动合同的签订和变更流程。

（3）了解劳动合同的解除和终止情形。

◈ **实践活动**

模拟劳动合同签订和变更

一、活动目标

理解劳动合同的重要性和基本原则，掌握劳动合同签订和变更的流程和步骤，锻炼学生的沟通、协商和合作能力。

二、活动准备

准备劳动合同样本，包括固定期限合同和无固定期限合同；准备学生分组角色，每组分配用人单位、劳动者、法律顾问等不同角色；准备模拟谈判的场地并安排时间。

三、活动过程

1. 介绍劳动合同的基本概念和重要性，并解释合同签订和变更的相关法律规定。

2. 将学生分组，并分配角色，每组扮演一个劳动关系的场景，如新员工入职、合同期满续签、合同变更等。

3. 学生根据角色模拟谈判和协商，就合同条款、工资待遇、工作条件等展开讨论。

4. 观察和引导学生在谈判过程中如何运用法律知识、沟通技巧和解决问题的能力。

5. 模拟谈判结束后，组织学生进行反思和总结，分享各组的谈判结果和心得体会。

四、活动成果

每组完成一份劳动合同，明确双方最终商定的条款，如工资数额、工作时间、福利待遇、工作岗位等。

◈ **知识链接**

劳动合同是指劳动者与用人单位之间确立劳动关系，明确双方权利和义务的协议。建立劳动关系应当订立劳动合同。劳动合同规定，若构成劳动关系，劳动者应遵守所在单位的内部劳动规则和其他规章制度，用人单位应及时安排被录用的劳动者工作，按照劳动者提供劳动的数量和质量支付劳动报酬，并且根据劳动法律法规规定和劳动合同的约定提供必要的劳动条件，保证劳动者享有劳动保护及社会保险、福利等权利和待遇。

一、劳动合同的签订

劳动合同的签订是现代劳动关系中的一个基本环节，它是用人单位与劳动者之间建立劳动关系、明确双方权利和义务的法律依据。根据《中华人民共和国劳动合同法》，用人单位与劳动者建立劳动关系时，应当依法订立书面劳动合同。

首先，劳动合同的签订需要遵循自愿、平等、协商一致的原则。双方在签订劳动合同前，应充分沟通和协商合同的内容，包括但不限于工作内容、工作地点、劳动时间、休息休假、劳动报酬、社会保险、劳动保护、劳动条件以及违约责任等条款。其次，劳动合同应当具有确定性和可执行性。合同内容应明确具体，避免出现模糊不清的表述，确保双方的权利和义务都能够得到切实履行。劳动合同还应当符合法律法规的强制性规定，任何违反法律法规的合同条款都是无效的。再次，劳动合同的签订要求用人单位在劳动者入职一个月内完成。如果用人单位未在规定时间内与劳动者签订书面劳动合同，将承担相应的法律责任，如支付劳动者二倍工资等。劳动合同的类型通常包括固定期限劳动合同、无固定期限劳动合同和以完成一定工作任务为期限的劳动合同。用人单位和劳动者可以根据工作性质及双方意愿，选择合适的合同类型。在签订劳动合同时，用人单位还应当向劳动者说明劳动合同的相关条款，并提供劳动合同副本给劳动者。劳动者有权要求用人单位对合同中不清楚或者有疑问的条款进行解释。值得注意的是，劳动合同一旦签订，除非法律规定的特殊情况，任何一方未经协商同意，均不得擅自修改或解除合同。如果一方违反劳动合同的约定，另一方有权要求其承担违约责任。最后，随着劳动关系的发展和变化，劳动合同可能需要进行变更或续签。这时，双方应重新协商确定新的合同条款，并依法办理变更或续签手续。总之，劳动合同的签订是用人单位与劳动者确立法律关系的重要步骤，对于保护双方的合法权益具有重要意义。只有严格遵循法律规定，公平、合理地签订劳动合同，才能促进和谐稳定的劳动关系，为社会和谐与经济发展提供良好的基础。

劳动合同规定了雇主和劳动者的权利和义务。雇主有权要求劳动者按时完成工作，劳动者有权获得相应的报酬。同时，雇主和劳动者都有履行合同的义务，如遵守法律法规、保守商业机密等。《中华人民共和国劳动合同法》第三十条规定："用人单位应当向劳动者支付劳动报酬，并依法提供劳动保险。"雇主需按照规定支付劳动报酬，确保员工的基本福利。

在固定工制度向劳动合同制度转变过程中，用人单位对符合下列条件之一的劳动者，如果其提出订立无固定期限的劳动合同，应当与其订立无固定期限的劳动合同：

①按照《中华人民共和国劳动法》的规定，在同一用人单位连续工作满 10 年以上，当事人双方同意续延劳动合同的。

②工作年限较长，且距法定退休年龄 10 年以内的。

③复员、转业军人初次就业的。

④法律法规规定的其他情形。

二、劳动合同的变更

劳动合同的变更是指用人单位与劳动者在劳动合同履行过程中，因工作需要或双方意愿等原因，对原劳动合同内容进行修改的法律行为。根据《中华人民共和国劳动合同法》（以下简称《劳动合同法》），劳动合同一经订立，未经双方协商一致，任何一方不得擅自变更劳动合同。首先，劳动合同变更的前提是双方自愿、平等协商。无论是用人单位还是劳动者，都不能强迫对方接受变更，双方应通过充分沟通，达成一致意见后才能对合同进行修改。其次，劳动合同变更的内容可能涉及工作地点、职位、工作内容、工资待遇、工作时间、休息休假等方面。例如，由于企业经营调整需要将劳动者调至其他岗位，或劳动者个人能力提升希望调整岗位和薪酬等。在进行劳动合同变更时，双方应签订书面的变更协议，并明确变更的条款及生效日期。变更协议应作为劳动合同的组成部分，与原劳动合同一并保存，以便日后查阅。劳动合同变更应当符合法律法规的规定，保障劳动者的合法权益。任何降低劳动者劳动条件、损害劳动者权益的变更都是无效的。例如，用人单位不得通过变更合同降低劳动者的工资标准，延长劳动者的工作时间等。在特殊情况下，如果劳动合同约定的基本情况发生重大变化，以至于原劳动合同无法继续履行，双方可以重新协商订立新的劳动合同。如果一方不同意变更而导致合同无法继续履行，按照《劳动合同法》的规定处理。如果用人单位单方面变更劳动合同，劳动者有权拒绝，并可要求用人单位按照原合同执行。如果用人单位坚持变更，导致劳动者解除劳动合同的，应按照《劳动合同法》规定支付经济补偿金。值得注意的是，劳动合同的变更不应影响劳动者已经享有的权益。例如，劳动者的社会保险关系、工龄计算等，都应当在变更后继续有效。总之，劳动合同的变更应遵循法律规定和合同法的一般原则，尊重劳动者的意愿，保护其合法权益，同时也要考虑到用人单位的合理需求。通过平等协商、合法变更劳动合同，可以有效维护和谐稳定的劳动关系，促进企业的健康发展和社会的和谐稳定。

三、劳动合同的解除和终止

劳动合同的解除和终止是两个不同的概念。劳动合同的解除是指劳动合同依法签订后，在劳动合同履行的过程中，由于某些原因导致当事人双方提前中断劳动合同的法律效力，解除双方劳动权利和义务关系的法律行为。而劳动合同的终止是指劳动合同的效力依法被消灭，即劳动合同所确立的劳动关系由于一定法律事实的出现而终结，劳动者与用人单位之间原有的权利和义务不复存在。

劳动合同解除和终止作为劳动关系消灭的两种情形，从法律效果上看，其结果都是导致用人单位与劳动者之间的法律关系归于消灭，具有一定相同性，但劳动合同解除与终止毕竟是两种使劳动关系归于消灭的不同方式，二者在成就条件、程序、法律后果等诸多方面存在很大差异，并直接导致劳动者在遇到这两种情形时的权利义务关系的差别及采取维权手段的差别。劳动合同解除与劳动合同终止存在以下不同之处。

1．二者终结劳动关系的时间不同

劳动合同终止通常是劳动合同目的实现之后的正常终结，如劳动合同期限届满，劳动合同约定的工作任务完成等。即使是其他情形下的终止，也通常是由于一方或双方当事人丧失劳动合同主体资格，导致劳动合同不能履行而不得不终结。

劳动合同解除则是劳动关系提前终结，是在劳动合同的目的完全实现之前基于双方或者一方的意思表示，提前结束彼此之间的权利和义务关系。可见，二者终结劳动关系的时间是不同的。

2．二者终结劳动关系的事由不同

劳动合同终止的事由主要包括三个方面：首先，劳动合同中的预先约定，包括约定期限的届满和约定工作任务的完成；其次，基于客观事实或依照法律规定当事人丧失合同主体资格，包括劳动者依法退休并开始享受基本养老保险待遇、劳动者死亡、劳动者被宣告死亡或者被宣告失踪、用人单位解散、被吊销营业执照、被责令关闭、被依法宣告破产等；最后，为法律法规规定的其他情形。

而劳动合同解除的事由通常是双方或单方当事人依法作出的终结劳动关系的意思表示。法律上对双方当事人协商一致解除劳动合同一般不做限制，但对一方当事人单方解除劳动合同通常都会设置一定的实体条件和程序条件。

3．二者解除劳动关系的程序不同

劳动合同终止的程序比较简单，当事人只需按时通知对方，并办理合同终止手续即可。而解除劳动合同程序相对复杂，并且不同的解除方式的程序要求差异较大。劳动合同解除根据不同情形，需要履行不同的法律程序，如果未履行必要的法定程序，可能会导致劳动合同解除违法，从而不能出现当事人预想达到的解除效果，甚至事与愿违，要承担相应的损害赔偿责任。

【案例】

基本案情

张某于 2020 年 6 月入职某快递公司，双方订立的劳动合同约定试用期为 3 个月，试用期月工资为 8000 元，工作时间执行某快递公司规章制度相关规定。某快递公司规章制度规定，工作时间为早 9 时至晚 9 时，每周工作 6 天。2 个月后，张某以工作时间严重超过法律规定上限为由拒绝超时加班安排，某快递公司即以张某在试用期间被证明不符合录用条件为由与其解除劳动合同。张某向劳动人事争议仲裁委员会申请仲裁。

申请人请求

请求裁决某快递公司支付违法解除劳动合同赔偿金 8000 元。

处理结果

仲裁委员会裁决某快递公司支付张某违法解除劳动合同赔偿金 8000 元（裁决为终局裁决）。仲裁委员会将案件情况通报劳动保障监察机构，劳动保障监察机构对某快递公司规章制度违反法律法规规定的情形责令其改正，给予警告。

案例分析

本案的争议焦点是张某拒绝违法超时加班安排，某快递公司能否与其解除劳动合同。

《中华人民共和国劳动法》第四十一条规定："用人单位由于生产经营需要，经与工会和劳动者协商后可以延长工作时间，一般每日不得超过一小时；因特殊原因需要延长工作时间的，在保障劳动者身体健康的条件下延长工作时间每日不得超过三小时，但是每月不得超过三十六小时。"第四十三条规定："用人单位不得违反本法规定延长劳动者的工作时间。"《中华人民共和国劳动合同法》第二十六条规定："下列劳动合同无效或者部分无效……（三）违反法律、行政法规强制性规定的"。为确保劳动者休息权的实现，我国法律对延长工作时间的上限予以明确规定。用人单位制定违反法律规定的加班制度，在劳动合同中与劳动者约定违反法律规定的加班条款，均应认定为无效。

本案中，某快递公司规章制度中"工作时间为早 9 时至晚 9 时，每周工作 6 天"的内容，严重违反法律关于延长工作时间上限的规定，应认定为无效。张某拒绝违法超时加班安排，系维护自己合法权益，不能据此认定其在试用期间被证明不符合录用条件。故仲裁委员会依法裁决某快递公司支付张某违法解除劳动合同赔偿金。

项目九

劳动权益保障

❖ **学习目标**

（1）了解劳动保障制度。

（2）会应用《中华人民共和国劳动法》《中华人民共和国劳动合同法》保护自己的合法权益。

（3）熟悉维护权益的流程和部门。

❖ **实践活动**

案例分析与讨论

案例：王××于2018年3月从某职业学校毕业后到广东佛山某服装厂工作，劳动合同期限至2019年3月。车间生产除规定定额以外，还会临时指派赶工。王××从3~6月上班期间，只有4个休息日。她因劳动强度过大，身体吃不消，加上水土不服，患上慢性胃炎。她向服装厂办公室主任请病假，结果被告知，因为劳动合同里没有约定休息休假的时间，单位现在又在加班加点赶制服装，不能给予休假。如果一定要休息休假，属于旷工行为。王××虽然感觉十分疲劳，但是又怕丢了工作，只好坚持上班。2018年7月2日，王××在上班时间晕倒在车间，医生诊断为劳累过度，缺乏营养，需要休息，建议王××休病假1周。王××拿着医生的诊断和休假意见找到厂办主任，仍然得到不予休假的答复。厂办主任的理由是：大家的劳动合同都没有约定休息休假时间，如果都像你一样休假了，就没人工作了，不能开这个先例。王××遂向专家咨询是否有法律手段保护自己。

一、活动目标

培养学生沟通交流、语言表达及团结协作能力，增强学生理论联系实际、融会贯通及举一反三的能力。

二、活动过程

学生5~8人为一组，进行任务分工。讨论根据《中华人民共和国劳动法》和《中华人民共和国劳动合同法》的规定，作为劳动者，该如何保护自己的合法权益；劳动者可以通过哪些部门维护自己的权利，小组达成共识。

三、活动成果

每组将达成共识的结果进行汇报，汇报时间为 3~5 分钟。教师点评后给出指导性意见。

✧ 知识链接

劳动保障制度是劳动制度的一个重要组成部分，它是国家根据有关法律规定，通过国民收入分配和再分配的形式，对劳动者因年老、疾病、伤残和失业等而出现困难时向其提供物质帮助以保障其基本生活的一系列制度。劳动保障制度的主要功能是保证劳动者的职业安全，从而保证劳动者及其家庭生活稳定，社会安定，保证整个社会经济发展和社会进步。劳动保障制度涉及的内容包括职工的生育保障、疾病保障、失业保障、伤残保障、退休保障、死亡保障等。

一、失业保障制度

失业是现代经济运行过程中不可避免的一种社会现象，它给每个失业者及其家庭带来灾难，也给社会经济的发展蒙上了一层阴影，因而各国都十分重视对失业者进行保障。失业保障制度就是当劳动者失去工作之后仍能获得基本物质帮助的一种制度。失业保障制度的建立有助于劳动者维持基本生活，从而保护劳动力资源的生产和再生产；同时，它也可以起到缩小收入差距，保证和维护社会安定的作用。失业保障制度有三个最主要的特征：一是普遍性，它是为保障有工资收入的劳动者失业后的基本生活而建立的；二是强制性，制度范围内的单位及其职工必须按照法律法规参加失业保险，并履行缴费义务；三是互济性，收缴的失业保障金在统筹地区统一安排使用。我国现行失业保障制度的基本内容有以下几点。

1. 享受失业保障的条件

现行的失业保障制度基本覆盖了城镇所有企事业单位及其职工，包括国有企业、城镇集体企业、外商投资企业、城镇私营企业和城镇其他企业及其职工，事业单位及其职工。

2. 失业保障金的筹集

在费用筹集方面，实行国家、用人单位、职工本人三方负担的筹集原则。城镇企业事业单位按照本单位工资总额的 2%、职工本人工资的 1% 缴纳失业保险费。在失业保险基金入不敷出时，财政将给予必要的补贴。

3. 失业保障基金的开支项目

开支项目主要包括失业救济金、失业职工的医疗费、失业职工的丧葬补助费、失业职工直系亲属的抚恤费和救济费、失业职工的转业训练费、失业职工的生产自救费和失业保险管理费等。

4. 失业保障金的给付标准

失业保障金的标准一般应高于当地城市居民最低生活保障标准，低于当地的最低工资标准。享受失业保障待遇必须符合三个条件：第一，按照规定参加失业保险，所在单位和本人已按照规定履行缴费义务满一年；第二，非本人意愿中断就业；第三，已办理失业登记并有求职要求。当失业人员出现重新就业、服兵役、移居境外、享受基本养老保险待遇、被判刑或者拒绝重新就业时，将停止享受失业保险待遇。失业人员领取失业保障金的期限，根据失业人员失业前所在单位和本人累计缴费时间长短而异。享受失业保险的上限分别为 12 个月、18 个月和 24 个月。

二、退休保障制度

1. 退休保障制度类型

退休保障制度既是劳动保障制度的重要组成部分，也是社会保障制度的基本内容。当今实行退休保障制度的国家，从退休保障基金的筹措方式来看，大致可以分为三种类型，即投保资助型退休保障制度、强制储蓄型退休保障制度和统筹型退休保障制度。

（1）投保资助型退休保障制度

投保资助型退休保障制度要求劳动者和雇主定期缴纳老年退休社会保障金，而政府则负责税收、出台政策。

①退休保障待遇的享受条件　第一，必须定期缴纳老年退休社会保障金，并缴纳一定的期限，如美国规定 10 年是法定的最低投保年限；第二，劳动者必须达到法定退休年龄并退出原来的工作岗位后才有权利享受退休待遇。

②退休保障待遇的制定原则　一是退休金与投保金额呈正相关原则，即劳动者在职期间投保的金额越多，年限越长，则退休后享受的退休金也就越多；二是分享经济成果原则；三是照顾被抚养人口原则；四是与物价挂钩原则，根据物价的波动而对退休金的标准进行调整。

③退休保障待遇的给付标准　一般取决于三个要素，即退休者在业期间的基础工资、退休者投保的年限和退休金率（每投保 1 年获得的占基础工资一定比例的退休金）。

④退休保障金的形式　一般有政府法定退休金、企业补充退休金和个人储蓄退休金三种形式。

（2）强制储蓄型退休保障制度

目前实行强制储蓄型退休保障制度的国家不多，原因在于其过分强调自我养老保障，投保费率过高，而且需要一系列要求很高的前提条件，即要求拥有一个有政府权威的、专业性强的统一的社会保障机构，并拥有一批熟悉社会保障业务的工作人员。这个机构要负责制定总投保费率和投保比例，为每个投保劳动者办理一张老年退休保障卡，登记劳动者的姓名、年龄、所在单位及每月缴纳老年退休保障费的数额与缴纳的年数。此外，还要制定退休保障金的储蓄利率。这确实是一系列非常复杂和烦琐的工作。至今，只有新加坡在这方面获得了成功。

（3）统筹型退休保障制度

大多数社会主义国家的退休保障制度都是统筹型的，这种退休保障制度的基本特征是国家利用自己的财政资金发放退休金，劳动者个人只需缴纳很少的退休保障费，甚至不缴。待劳动者退休或失去劳动能力后则一概享有国家法定的保障待遇。我国实行的退休保障制度基本属于统筹型。

2. 我国退休保障制度

（1）退休保障的实施范围

企业职工退休的实施范围主要是国有企业事业单位、城镇集体企业、外商投资企业、城镇私营企业、其他城镇企业及其职工，实行企业化管理的事业单位及其职工。机关事业单位的工作人员都在保障实施范围之内。

（2）资金来源

根据《关于企业职工养老保险制度改革的决定》规定，养老保险将实现由国家、企业、职工个人三方共同负担的办法。

养老保险分为三个层次：第一个层次为基本养老保险，也称国家基本养老保险，是由国家统一下达政策，强制实施，这一层次的保险可以保障退休职工的基本生活需要。基本养老保险基金由国家、企业、职工个人三方负担，企业按职工工资总额的一定比例缴纳基本养老保险费。职工个人也要缴纳基本养老保险费，一般不低于个人缴费工资基数的3%，以后每隔两年提高1个百分点，最终达到个人账户养老保险费的50%。第二个层次为企业补充养老保险，它是企业根据自身经济能力，为本企业职工所建立的一种追加式或辅助式养老保险，养老保险金从企业自有资金中的奖励、福利基金内提取，然后由国家社会保险管理机构按规定记入职工个人账户，所存款项及利息归个人所有。第三个层次为职工个人储蓄型养老保险，保险金由职工个人根据个人收入情况自愿参加。机关事业单位工作人员的退休保障资金主要由国家提供，资金来源较为可靠。

（3）退休金给付标准

企业职工的退休金标准与个人在职时缴费工资基数及缴费年限长短挂钩，缴费工资基数越高，缴费年限越长，个人账户积累越多，退休时基本养老金就越高。按照现行制度，满足以下三个条件的，可以按月领取基本养老金：第一，参加了城镇企业职工基本养老保险；第二，达到了国家法定退休年龄，因病完全丧失劳动能力及从事特殊工种工作的符合条件可提前退休；第三，个人缴费满15年，即个人缴费年限不满15年的，只能一次性领取个人账户存储额。

机关事业单位工作人员的养老金标准按照其在职时的贡献大小（所积累的年贡献）和国家的经济发展水平来确定。领取退休金的人需要符合的基本条件是达到国家法定退休年龄，普通职工的退休金随工龄的不同而异，其退休金为标准工资的60%~80%。而对获得全国劳动英雄、劳动模范称号的，在革命和建设中有过特殊贡献者，以及军级以上单位授予战斗英雄称号的转业、复员军人，若退休后仍保持自己的荣誉，可得到比规定标准高5%~15%的退休金。

拓展阅读

一、职业学校学生实习的合法权益

《职业学校学生实习管理规定》对学生实习工作、学校和实习单位的合法权益进行了规范、加强和维护。

（1）学生顶岗实习应签订实习协议，实习协议应明确各方的责任、权利和义务，协议约定的内容不得违反相关法律法规。实习协议应包括但不限于以下内容：各方基本信息；实习的时间、地点、内容、要求与条件保障；实习期间的食宿和休假安排；实习期间劳动保护和劳动安全、卫生、职业病危害防护条件；责任保险与伤亡事故处理办法，对不属于保险赔付范围或者超出保险赔付额度部分的约定责任；实习考核方式；违约责任；其他事项。顶岗实习的实习协议内容还应包括实习报酬及支付方式。

（2）职业学校和实习单位要依法保障实习学生的基本权利，并不得有下列情形：安排、接收一年级在校学生顶岗实习；安排未满16周岁的学生跟岗实习、顶岗实习；安排未成年学生从事《未成年工特殊保护规定》中禁忌从事的劳动；安排实习的女学生从事《女职工劳动保护特别规定》中禁忌从事的劳动；安排学生到酒吧、歌厅、洗浴中心等营业性娱乐场所实习；通过中介机构或有偿代理组织、安排和管理学生实习工作。

（3）除相关专业和实习岗位有特殊要求，并报上级主管部门备案的实习安排外，学生跟岗和顶岗实习期间，实习单位应遵守国家关于工作时间和休息休假的规定，并不得有以下情形：安排学生从事高空、井下、放射性、有毒、易燃易爆，以及其他具有较高安全风险的实习；安排学生在法定节假日实习；安排学生加班和夜班。

（4）接收学生顶岗实习的实习单位，应参考本单位相同岗位的报酬标准和顶岗实习学生的工作量、工作强度、工作时间等因素，合理确定顶岗实习报酬，原则上不低于本单位相同岗位试用期工资标准的80%，并按照实习协议约定，以货币形式及时、足额支付给学生。

（5）职业学校和实习单位不得向学生收取实习押金、顶岗实习报酬提成、管理费或者其他形式的实习费用，不得扣押学生的居民身份证，不得要求学生提供担保或者以其他名义收取学生财物。

（6）实习学生应遵守职业学校的实习要求和实习单位的规章制度、实习纪律及实习协议，爱护实习单位设施设备，完成规定的实习任务，撰写实习日志，并在实习结束时提交实习报告。

（7）职业学校组织学生到外地实习，应当安排学生统一住宿；具备条件的实习单位应为实习学生提供统一住宿。职业学校和实习单位要建立实习学生住宿制度和请销假制度。学生申请在统一安排的宿舍以外住宿的，须经学生监护人签字同意，由职业学校备案后方可办理。

（8）学生在实习期间受到人身伤害，属于实习责任保险赔付范围的，由承保保险公司按保险合同赔付标准进行赔付。不属于保险赔付范围或者超出保险赔付额度的部分，由实习单位、职业学校及学生按照实习协议约定承担责任。职业学校和实习单位应当妥善做好救治和善后工作。

二、经济补偿与经济赔偿

1. 经济补偿

经济补偿是指劳动合同解除或者终止时，用人单位应当在法定情形下向劳动者支付相应的经济补偿金的制度。需要用人单位支付经济补偿金的情形包括：

（1）因用人单位存在《中华人民共和国劳动合同法》第三十八条规定的违反劳动法律法规规定或者合同约定的情形，劳动者行使单方解除权解除劳动合同的。

（2）用人单位提出并最终双方协商一致解除劳动合同的。

（3）用人单位因劳动者存在《中华人民共和国劳动合同法》第四十条规定的客观原因解除劳动合同的，也就是无过失辞退劳动者的。

（4）用人单位因符合《中华人民共和国劳动合同法》第四十一条规定进行经济性裁员的。

（5）除用人单位维持或者提高劳动合同约定条件续订劳动合同，劳动者不同意续订的情形外，固定期限劳动合同期满终止的。

（6）因用人单位被依法宣告破产或者用人单位被吊销营业执照、责令关闭、撤销或者用人单位决定提前解散而终止劳动合同的。

（7）以完成一定工作任务为期限的劳动合同因任务完成而终止的。

2. 经济赔偿

用人单位违法解除或者终止劳动合同，劳动者要求继续履行劳动合同的用人单位应当继续履行；劳动者不要求继续履行劳动合同或者劳动合同已经不能继续履行的，用人单位应当依照前述经济补偿标准的二倍向劳动者支付赔偿金。

模块四

培养劳动技能

【内容提要】

　　劳动技能本质上是人的劳动能力，劳动技能既满足我们日常生活的需要、生产的需要和社会服务的需要，更承载着人们的生存需求、发展需求和精神追求，反映出个人或家庭能够自给自足和适应社会变化的能力。学生掌握生活劳动技能、生产劳动技能和服务性劳动技能是提高劳动能力的客观需要，也为将来步入社会奠定良好的能力基础。

　　本模块为培养劳动技能，由生活劳动技能、生产劳动技能、服务性劳动技能三部分内容构成。通过学习，使学生理解生活劳动、生产劳动、服务性劳动的内涵，具备基本的生活劳动技能、生产劳动技能、服务性劳动技能，养成积极服务自我、服务他人、服务社会的劳动习惯，培养参加农业、林业生产实践劳动的积极性，体验工农业生产创造物质财富的过程，领悟生产劳动的意义和价值，在劳动中学习安全规范，明确岗位职责，掌握操作要求，培养生活、生产及服务性劳动技能。

【知识标签】

　　生活劳动技能；生产劳动技能；服务性劳动技能

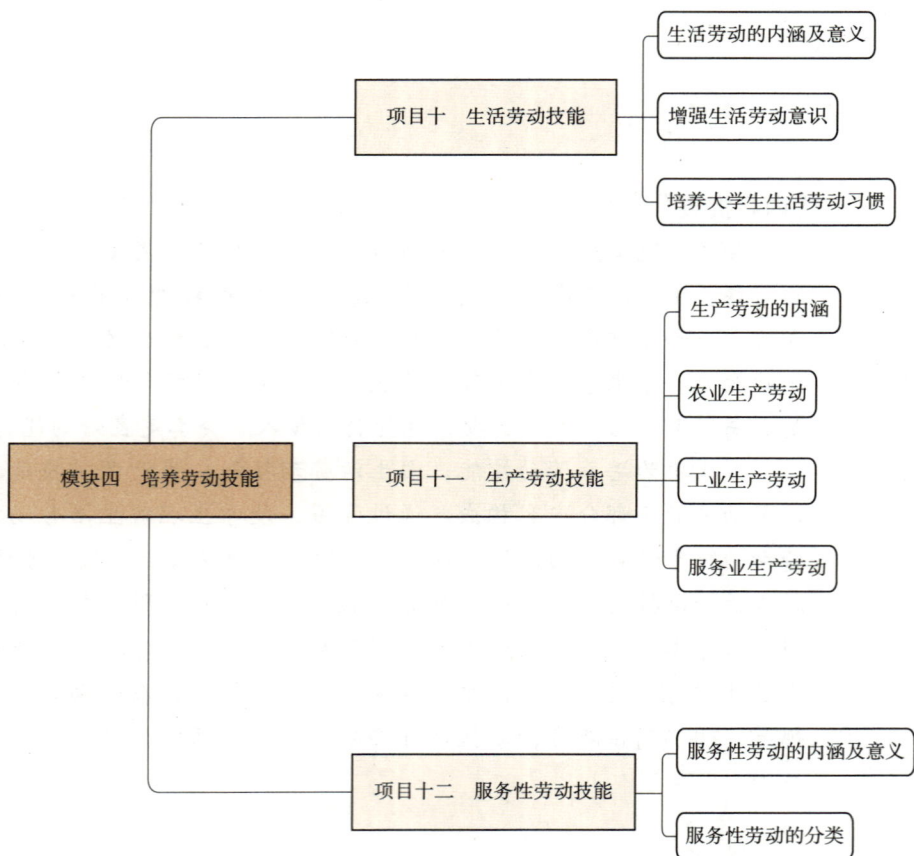

模块四　培养劳动技能

项目十　生活劳动技能
- 生活劳动的内涵及意义
- 增强生活劳动意识
- 培养大学生生活劳动习惯

项目十一　生产劳动技能
- 生产劳动的内涵
- 农业生产劳动
- 工业生产劳动
- 服务业生产劳动

项目十二　服务性劳动技能
- 服务性劳动的内涵及意义
- 服务性劳动的分类

项目十

生活劳动技能

◈ 学习目标

(1)理解生活劳动的内涵与意义。

(2)具备基本生活劳动技能。

(3)形成积极服务自我、服务他人、服务社会的劳动习惯。

◈ 实践活动

宿舍内务清洁整理，创建绿美校园

一、活动目标

1. 掌握清洁工具的使用方法。

2. 提升学生的内务整理能力，养成整洁卫生的生活习惯。

3. 培养合理规划、分步实施的劳动素养。

4. 体会劳动创造整洁环境的愉悦，形成劳动光荣、内务整理大有学问的认知。

二、活动准备

熟悉内务整理的相关要求，以及创建绿美校园的相关标准。

三、活动过程

1. 制作宣传海报，张贴在宿舍楼内。

2. 组织一次宿舍管理员培训动员会，确保了解活动的目的和要求。

3. 准备充足的清洁工具和环保清洗剂。

4. 制订活动计划和时间表，确保活动有序进行。

四、活动成果

1. 以寝室为单位，分组进行内务整理和公共区域美化，各组派代表汇报劳动成果完成情况，根据完成情况进行总结反思。

2. 组织到综合表现优秀的寝室参观学习。

服饰礼仪美学教育，争做美丽生活家

一、活动目标

1. 掌握基本的服饰礼仪和搭配技巧，提升个人形象和社交能力。
2. 提升美学修养，提高学生的审美标准。
3. 培养学生对时尚的敏锐度和创新能力，能够灵活运用时尚元素打造个人风格。
4. 弘扬中华优秀传统服饰文化，增强文化自信。

二、活动准备

1. 邀请专业的美学教师和时尚设计师进行现场指导。
2. 准备各种风格的服饰样品和配饰，供学生选择和搭配。
3. 准备活动场地和相关道具，以确保活动顺利进行。
4. 提前进行宣传和报名工作，吸引更多的学生参与。

三、活动过程

通过时装表演的方式进行成果展示，采取大众投票与专业造型师点评相结合的方式进行现场打分。

四、活动成果

通过活动的执行与效果评估，总结活动的亮点与不足，并将这些经验应用于未来的活动策划中。

班级团圆饭制作，加强团队协作

一、活动目标

1. 学习基本烹饪技能，体验劳动的过程与成就感。
2. 加强自我防护和安全意识，能够妥善处理突发事件。
3. 加深学生之间的了解和友谊，增强班级凝聚力，提高沟通与协调能力。
4. 珍惜他人的劳动成果，尊重劳动价值，形成包容、友善、互助的美好品质。

二、活动准备

1. 确定活动时间和地点，准备食材和炊具。
2. 组织学生报名参加，确定分工和任务。
3. 安排小组负责人，根据组员特长做好备菜、炒菜等环节的分工组织和协调。
4. 提醒学生注意食品安全和卫生，遵守公共秩序。

三、活动过程

以小组为单位进行烹饪菜品的讲解，通过品尝不同小组的菜品，学习不同风味的烹饪技巧和创意，交流美食心得和体验。

四、活动成果

通过活动的执行与效果评估，总结活动的亮点与不足，并将这些经验应用于未来的活动策划中。

✿ 知识链接

一、生活劳动的内涵及意义

1. 生活劳动的内涵

生活劳动是指在个人衣食住行等生活自理过程中的劳动技能，重在强化劳动自立意识，掌握持家之道，养成终身劳动的好习惯，包括但不限于洗衣技能、烹饪技能、园艺修剪技能、电器维修技能等。这些技能都可以根据个人需要进行学习和提升。不同的生活劳动技能可以相互补充，共同构成一个完整的生活技能体系。通过学习不同的生活劳动技能，可以在日常生活中更加灵活地应对各种情况，并更好地适应环境变化。

当前，劳动新形态不断涌现，特别是以高科技、消费性、创新性、复合性的劳动样态最为突出，无论是经济总量中的占比，还是从业人员的规模，对于社会发展的推动作用以及对个人物质和精神生活满足等诸多方面的价值都日渐凸显。这种发展趋势正在挑战过去主要以第一、第二产业发展为主的产业格局，生产劳动仍然很重要，但非生产劳动的重要性在不断提升，且由于生产与技术、知识与价值、信息与文化等劳动要素的耦合更加复杂多样，生产劳动与非生产劳动的关系更趋紧密。这些新的劳动形态大多属于第三产业，主要面向个体和社会的需求，成为一种重要的劳动形式，因此，学校劳动教育在重视生产劳动的同时，也应该不断适应社会发展的实际和需求，将这些主要以服务为主的服务性劳动和日常生活劳动纳入其中，扩展劳动教育活动的范畴。

随着生活水平的提高，人们对衣食住行的标准也发生了显著的变化，从基本的满足温饱升级到了怎么样穿得得体，怎么样食得健康，怎么样住得舒适，怎么样行得快捷和安全。比如烹饪技能，一道美味的菜肴不仅需要满足基本的营养需求，更要追求色、香、味、形的完美结合。因而人们对生活劳动技能的需求也更加多样。从这个角度来看，生活劳动技能既满足我们日常生活的需要，更承载着人们的生存需求、发展需求和精神追求，反映出个人或家庭能够自给自足和适应社会变化的能力，提高日常生活的自主性、舒适性，增加生活的幸福感。

生活劳动技能，无论是简单的洗衣做饭还是复杂的工具创造，都是人类情感和智慧的结晶。

2. 培养新时代大学生生活劳动技能的重要意义

在中国，从小学到大学，教育系统已经普遍设置了培养学生日常生活劳动技能的课程，这些课程有助于提升学生的生活自理能力。根据中共中央、国务院印发的《关于全面加强新时代大中小学劳动教育的意见》，劳动被划分为日常生活劳动、生产劳动和服务性劳动三种基本类型。本节中提及的"生活劳动"实际上对应该文件中的"日常生活劳动"。这种细致的分类不仅彰显了劳动教育的全面性，还促进了学生在家庭、学校和社区中参与各种劳动活动，帮助他们养成良好的劳动习惯，并在社会中形成尊重劳动和热爱劳动的积极氛围。在当前的时代背景下，大学生的生活劳动技能培养显得尤为重要，它不仅关系到个人的全面发展，还对学生的生存自理、就业竞争力以及社会责任感等方面产生深远影响。

（1）生活劳动技能培养有助于促进大学生的全面发展

生活劳动技能是实践能力和生活智慧的体现，大学生通过学习和实践这些技能，可以提高自我服务的能力，增强解决日常生活问题的实践经验，从而有效提高个人的综合素质和适应社会的能力。通过参与生活劳动，大学生可以更全面地认识和理解世界，发展自己的创新思维和解决问题的能力，促进自身智力和情感的全面发展。

（2）生活劳动技能培养是培养大学生生活自理能力的重要途径

在大学阶段，学生不仅需要掌握理论知识，还需要实现从家庭依赖向自我依赖的转变，形成自食其力的生存意识，具备将知识转化为实践的能力，在独立生活中磨炼自己的意志和能力。

（3）生活劳动技能培养对于提升大学生的就业竞争力具有重要意义

在激烈的就业竞争中，除了具备扎实的专业知识外，一定的生活劳动技能也是用人单位非常看重的。拥有良好的生活劳动技能可以让大学生在职场中更好地学会与人合作，更容易获得领导和同事的认可与信任，从而获得更多的职业发展机会。同时，也可以帮助大学生更好地应对职场中的挑战和压力，提升自己的职业竞争力。通过生活劳动技能的培养，大学生可以获得更多的实践经验和技能，提高自己在就业市场中的竞争力。

（4）生活劳动技能培养有助于增强大学生的社会责任感

生活劳动技能培养不仅可以提高大学生的实际操作能力，还能增强他们的社会责任感。通过参与劳动实践，大学生能够更深入地理解劳动的价值与意义，培养吃苦耐劳的精神，同时树立尊重劳动者的意识，主动关注社会需求，增强服务意识，在日常生活和未来工作中积极承担责任，为其成长为具有社会责任感的全面型人才奠定基础。

新时代大学生生活劳动技能培育对于个人和社会都具有重要意义。一切劳动者想要在波澜壮阔的改革发展年代勇立潮头，在不进则退、不强则弱的竞争中赢得优势，在报效祖国、服务人民的人生中有所作为，就要孜孜不倦学习，勤勉奋发干事，踏实劳动、勤勉劳动。

新时代大学生劳动精神的塑造和培养是一个长期和系统的工程，需要贯穿于家庭教育、学校教育、社会教育的全过程，也需要个人从日常生活的每一件小事做起，还需要将个人理想根植于国家的伟大建设实践中，将劳动精神内化于心、外化于行，最终成为合格的社会主义建设者和接班人。

二、增强生活劳动意识

从家庭清洁到园艺劳动，从烹饪到照顾家庭成员，每一种劳动都充满了生活的色彩和意义。习近平总书记在全国教育大会上指出，要在学生中弘扬劳动精神，教育引导学生崇尚劳动、尊重劳动，懂得劳动最光荣、劳动最崇高、劳动最伟大、劳动最美丽的道理，长大后能够辛勤劳动、诚实劳动、创造性劳动。特别强调增强学生的劳动意识，让学生明白劳动是美丽、光荣、崇高、伟大的事情。

劳动意识是个体对劳动价值、意义和重要性的认识和理解。它不仅包括对劳动过程的自我认同和投入，还包括对劳动成果的责任感和荣誉感。劳动意识是一种文化和精神状态，它能促进个人积极参与劳动。一个社会劳动意识的高低，直接影响着该社会的劳动生产率、创新能力和社会整体的进步。通过教育、文化引导和社会制度等方面的影响，使其懂得劳动最美丽、劳动最可爱、劳动最光荣的道理，可以有效提升个人及社会集体的劳动意识，形成爱劳动、会劳动、劳动光荣的社会风尚。

在校园生活中，大学生生活劳动意识的增强，可以从强化教育引导、营造劳动氛围、建立奖励机制等方面进行。

（1）强化教育引导

在人才培养中，设立专门的劳动课程或劳动主题活动，安排劳动故事分享、劳动成果展示、基本生活劳动技能体验，如烹饪、清洁、缝纫等。同时，在教学过程中渗透劳动观念，引导学生深入探讨劳动的价值和意义，培养他们的社会责任感。

（2）营造劳动氛围

举办以劳动为主题的文化节、演讲比赛、征文活动等，定期通过校园广播、海报、课堂教育等形式，宣传劳动的积极意义和价值，营造热爱劳动、尊重劳动、劳模在身边的氛围，让学生深入理解劳动的意义和价值，培养他们的劳动习惯和品质，从而自觉地去劳动。

（3）建立奖励机制

为了激励学生积极参与劳动，体验劳动带来的成就感，可建立一定的奖励机制，如评选"生活劳动小能手""最美寝室"等，对表现优秀的学生进行表彰和奖励。让大学生更加珍惜自己的劳动成果，增强其对劳动的认同感和自豪感。

通过以上措施的综合运用，可以有效增强大学生的劳动意识，培养其良好的劳动习惯和技能。这不仅有助于学生的个人成长和发展，也是推进素质教育、培养全面发展的优秀人才的重要途径。

三、培养大学生生活劳动习惯

1. 大学生生活劳动习惯的特点

生活劳动习惯指的是个体在日复一日的生活中，通过不断实践逐渐固定下来的、具有相对稳定性的行为方式和习惯模式。这种行为模式深受个人生活环境、成长经历以及家庭教育等多重因素的影响，因此具有鲜明的个人特色。这一习惯不仅涉及个体日常生活中的方方面面，更涵盖了诸如个人卫生管理、饮食起居安排、家务劳动分担等多个层面。

劳动，不仅是人类生存的基本需求，更是个人成长和社会发展的基石。深入剖析生活劳动习惯的内涵，不难发现，它其实是个体生活自理能力和社会责任感的一种体现。例如，一个能够保持个人卫生和整洁环境的人，通常也具备更强的自我管理能力；而一个愿意主动承担家务劳动或参与社会服务的人，则往往有着更高的社会责任感。这些习惯不仅影响着个人的生活质量，更在一定程度上塑造了其性格和价值观。大学生生活劳动习惯的特点主要表现在多样性、可塑性和社会性三个方面。

（1）多样性

大学生生活劳动习惯的多样性源于其不同的家庭背景、教育背景和个人性格。每个大学生在成长过程中都受到了独特的环境影响，这些环境差异塑造了他们的行为方式和生活习惯。教育背景的差异也会导致生活劳动习惯的不同，如农学类学生能较早接触生产劳动。个人性格更是影响生活劳动习惯的重要因素，如内向的大学生可能更倾向于独自完成劳动任务，而外向的大学生则可能更喜欢与他人合作。

（2）可塑性

大学生正处于人生观、价值观形成的关键时期，其生活劳动习惯具有较强的可塑性。这一阶段的大学生思想活跃，接受新事物的能力强，容易受到外界环境的影响，生活劳动习惯的培养对于他们的整体发展至关重要。因此，通过合理的教育和引导，可以有效地改变大学生的不良生活劳动习惯，培养他们形成健康、积极的生活方式。例如，通过开设劳动教育课程等方式，可以帮助大学生认识到劳动的价值和意义，激发他们的劳动热情，从而养成良好的生活劳动习惯。

（3）社会性

大学生的生活劳动习惯还受到社会环境、校园文化等因素的影响，具有一定的社会性。随着社会的不断发展变化，大学生的生活劳动习惯也在逐渐发生变化。例如，在网络科技日益发达的今天，大学生在日常生活和学习中越来越依赖于电子产品和网络服务，这也在一定程度上改变了他们的劳动方式和习惯。同时，校园文化也对大学生的生活劳动习惯产生了重要影响。积极向上的校园文化氛围可以激发大学生的劳动积极性，促进其形成良好的生活劳动习惯；而消极颓废的校园文化氛围则可能导致大学生对生活劳动产生抵触情绪，不利于其健康成长。

大学生生活劳动习惯的多样性、可塑性和社会性等特点决定了其培养方法的复杂性和多样性。因此，在制定大学生生活劳动习惯培养方案时，应充分考虑这些特点，做到因材施教、因地制宜，以提高培养效果。同时，还应注重家庭、学校和社会的协同作用，形成全方位、多层次的培养体系，共同促进大学生良好生活劳动习惯的形成和发展。

2. 培养大学生生活劳动习惯的具体实践

（1）衣——培养自理与环保意识

①自我整理与分类 鼓励大学生自己整理衣物，将衣物分类放置，培养有序的生活习惯。

②环保意识 引导大学生选择环保材质的衣物，如棉质、麻质等，避免过度消费，同时鼓励他们学习衣物回收和再利用的方法。

③学习与分享 开设关于衣物保养、搭配和环保洗涤的课程或讲座，让大学生学习并分享衣物管理的小窍门。

（2）食——培养健康饮食与节约食物的习惯

①健康饮食教育 在校园内宣传健康饮食的重要性，提供营养餐搭配建议，鼓励大学生养成均衡饮食的习惯。

②自己动手做饭　组织烹饪课程和实践活动，让大学生学习基本的烹饪技能，鼓励他们自己动手做饭，体验烹饪的乐趣。

③节约食物　在食堂或餐厅推广"光盘行动"，鼓励大学生珍惜食物，避免浪费。

（3）住——培养整洁与独立生活的习惯

①寝室文化建设　通过寝室卫生评比、寝室文化节等活动，鼓励大学生保持寝室整洁，营造温馨的居住环境。

②自我管理与服务　引导大学生学会自己管理寝室事务，如打扫、洗衣等，培养他们的独立生活能力。

③环保意识　鼓励大学生在寝室内使用环保产品，如节能灯、可循环使用的垃圾袋等，培养他们的环保意识。

（4）行——培养安全与文明出行的习惯

①交通安全教育　通过讲座、实践活动等方式，加强大学生的交通安全意识，让他们了解并遵守交通规则。

②文明出行　鼓励大学生在出行时遵守公共秩序，如排队上车、礼让行人等，培养他们的文明出行习惯。

③绿色出行　倡导大学生选择绿色出行方式，如步行、骑自行车或乘坐公共交通工具，减少碳排放。

（5）综合实践

①劳动实践周　设立劳动实践周或劳动月活动，让大学生在一段时间内集中参与各种劳动活动，如校园环境整治、宣传垃圾分类、开展社区志愿服务等，培养他们的劳动能力和社会责任感。

②家庭劳动　鼓励大学生在家庭或学校食堂中参与劳动，如做饭、洗碗、打扫、帮厨等，让他们了解家庭劳动的重要性并养成习惯。

此外，还可以借助大数据平台、虚拟现实（VR）和增强现实（AR）技术等，帮助大学生分析日常生活劳动习惯数据、制定劳动计划、分享自己的劳动经验和成果、劳动技能智能纠错，进行个性化的生活劳动分析与指导，建立评价反馈机制，从而有效地培养大学生养成良好的生活劳动习惯，提高他们的综合素质和实践能力，为未来的社会参与和职业发展打下坚实的基础。

拓展阅读

一、古人劳作服饰

中国是农业大国，自古以来便有春耕秋收的劳作传统，农事活动亦为历朝历代的重中之重，唐太宗曾说过"食为人天，农为正本"。那么古人在劳动时究竟是怎么穿着的呢？

1. 裋褐

其实，古代农民的社会地位和生活水平大多十分低下，在棉花未传入中国之前，平民基本穿着的都是"粗布麻衣"。陶渊明在《五柳先生传》中提到"短褐穿结"，"短褐"指的是裋褐。

　　裋褐，又称"竖褐""短褐"，是以粗布制成的上衣下裤式的汉服。唐代司马贞在《史记索隐》中写道："裋，一音竖。谓褐布竖裁，为劳役之衣，短而且狭，故谓之短褐，亦曰竖褐。"裋褐制作简单、穿着便捷，它窄袖短衣的特点更便于劳作，是古代平民最普遍的穿着。

　　作为庞大的华夏文明服饰体系，汉服包含着众多各有特点的形制。除了农作时的裋褐，平民百姓亦有不同的日常穿着。

　　2. 襦服深衣

　　根据五代时期马缟记载，三皇至战国末年，普通平民的穿着为"庶人服裋褐，襦服深衣"。襦服深衣，通俗地来说，便是上衣长、下身裤装的打扮。

　　平民百姓为了方便日常生活，不像贵族阶级一般在上衣之下加"围裳"（用一整块布围系在腰上，类似现代的围裙），而是直接穿裤，使得贴身衣物暴露于外。颜注《急就篇》中有："短衣曰襦，自膝以上。"短衣一般在掩臀至膝盖上方之间，难以遮挡外露的下裤，一种观点认为，是读书人为了将这种拉长上衣，省略下裳的做法符合当时的礼仪规范，才特意附会于上下连属的深衣制。这就是襦服深衣的由来。这样的装束在秦兵马俑中便有体现。

　　山东东平汉代墓葬群出土的壁画中，画有衣着交领、阔袖，衣长及膝，衣下无裳，直接加裤或者光腿的贵族仆从，他们的穿着便是襦服深衣。在甘肃省张掖市高台县骆驼城遗址出土的魏晋画像砖中，平民百姓仍然襦服深衣，只是衣长更短，仅仅掩臀而已。可见平民穿着没有随时代变迁产生较大的变化，方便精干才是劳动人民衣着考虑的第一要素。

　　到唐宋时期及以后，随着社会生产力的提高和经济的发展，平民百姓不再完全是从事农业活动的体力劳动者，而逐渐形成了市民阶级。他们的穿着与现在的汉服爱好者所穿的汉服类型更为接近。即便如此，李商隐在《杂纂》中仍有："仆子着鞋袜衣服宽长，失仆子体。"可见，襦服深衣依旧是底层劳动者的基本穿着。

　　在科技发达、经济繁荣的社会主义新时代，人们实现了"穿衣自由"。汉服已不再具有阶级和地位的区别，成为大众普遍的日常穿着与中华文化的鲜明符号。

项目十一

生产劳动技能

✧ 学习目标

（1）了解各类生产劳动技能的相关知识。

（2）掌握生产劳动的实践技能。

（3）积极参加农业、林业生产劳动。

（4）体验工农业生产创造物质财富的过程，领悟生产劳动的意义和价值，在劳动中学习安全规范，明确岗位职责，掌握操作要求，培养质量意识和工匠精神。

✧ 实践活动

开展现代农业生产实践劳动——叶菜类蔬菜种植

种植蔬菜是指根据蔬菜的生长发育规律和对环境条件的要求，确定合理的栽培制度和管理措施，创造适宜蔬菜生长发育的环境，以获得高产优质、品种多样并能持续供应的蔬菜产品的过程。种植蔬菜，既能确保自己食用的是健康农产品，又能节省购买农产品的开支。但在实际操作过程中，我们要注意种植技巧，如挑选秧苗、防护工作、特殊种植方法等方面的内容。同时，蔬菜种植的技术也是多种多样的，如土壤栽培、无土栽培和反季节栽培等。本活动开展常见叶菜类蔬菜种植。

一、活动目标

掌握叶菜类蔬菜的种植管理、病虫害防治的方法，安全使用相关工具。培养分工合作、吃苦耐劳的精神。

二、活动准备

制订叶菜类蔬菜种植计划，按季节和时令特点完成种植和收获。

三、活动过程

1. 种植准备

（1）地块选择　选择一块排水良好的田地，为了日后灌溉方便，田地尽量是在接近水源或水管可以到达的地方。

（2）叶菜类蔬菜选择　选择适合当时季节的蔬菜种类，注意所选蔬菜的生长期、收割期是否符合要求。如在炎热的夏天，很适合种植空心菜。

（3）工具准备　准备挖土或翻土的锄头或铲子、可以拨土的耙子等。

2. 选种

在专业的种子机构购买种子或苗种，其包装上都有种植指导信息。

3. 整地

先将土翻好，让土晒晒太阳。撒种前将翻好的地块整平，并将过大的土块敲碎，使土块直径小于 5 厘米，但也不要太细。注意不要再踩已经翻整好的地块，以保持土壤疏松、透气。有些种类的蔬菜在种植前必须将土整理成隆起状或沟状。

4. 播种

小粒蔬菜种子，如白菜、菠菜等可以进行撒播，在整理好的土壤上播撒种子，注意不要太密，以免妨碍植物日后生长；然后，用耙子轻轻地将土拨动，让种子可以被土覆盖，也可以防止麻雀等鸟类啄食种子；最后浇水。

5. 栽种

（1）移植　撒下种子后，幼苗长高至约 10 厘米时，一般须移植到较宽阔的土地上，采用 20 厘米×30 厘米的株行距。

（2）菜苗栽植　直接购买菜苗耕种，可以直接在整理好的地上进行，采用 20 厘米×30 厘米的株行距。

（3）浇水（灌溉）　浇水时不要用很强的水柱冲刷土壤或植株，可使用莲蓬头状的洒水器。此法可以洗去蔬菜叶子上的尘垢，也较节省用水，但不能持续洒水太久。漫灌是引水将土壤完全淹没后，立即让水退去，其目的是让土壤充分潮湿，一般大面积种植时可用此法，浇水频率视天气与土质而定。天气炎热时，可以 2~3 天浇水一次，漫灌则 5~7 天一次；天气寒冷时则分别为 5~6 天和 7~10 天一次。

（4）施肥　可以使用化肥或有机肥。施用化肥便宜，能迅速见效，但容易因为使用过量而造成植株受伤。施用时尤其不能让肥料黏附在叶面上，否则极易造成叶面受伤。施用有机肥见效慢，不易造成植株受伤。可以在种植前翻土时，将有机肥料混在土壤中。也可将自制的堆肥混入土壤中，这样既经济，又可以有效改善土质。

（5）除草　菜园里很容易滋生杂草，要将杂草拔除，才不会让杂草和蔬菜争夺养分。拔除杂草时，尽可能不让杂草的种子掉落在菜园中，并且不用混有种子的杂草制作堆肥。

（6）病虫害防治　一般由虫害和病菌引起，可以摘取受害的叶子到专业的机构咨询，或将有病植株隔离。

（7）收割　一般用刀子割断植株。收割之后，要将留在土里的根部拔除，并将土壤翻松，晒几日，有利于下一次播种。有些蔬菜可以收割多次，如番薯、罗勒，此类植物需要注意，忌收割一次之后就将其连根拔除。

四、活动成果

收获蔬菜时称重，计算种子采买、肥料购买、病虫害防治等支出成本，按市场价测算支出与收益，让每位同学感受劳动快乐的同时珍惜劳动成果。

开展现代林业生产实践劳动——花艺设计

一、活动目标

选择合适的花材与插花器皿，完成一件插花作品。培养团结协作精神，树立人与自然和谐发展的理念。

二、活动准备

3~5人一组，小组成员一起讨论，制订劳动计划，协商确定任务分工，合作创作出一件插花作品。

三、活动过程

（1）材料与工具准备 包含花材、插花器皿、花泥、修枝剪、小刀、绿铁丝、铁丝钳、绿胶带、除刺夹等。检查工具是否锋利、松动，能否正常使用，花泥在插制前在水中浸泡透。

（2）花材处理 摘除花枝中下部的叶片，月季类去除花枝上的皮刺和叶片；百合的花要去除花药；非洲菊的花枝用绿铁丝进行穿心矫形，并缠绕绿胶带；月季类花瓣有损伤或焦边的可剥除，并对花的中心轻轻吹气使花瓣适度开展；康乃馨花朵开放程度不足的采用揉捏法使花瓣开展；对散尾葵叶片进行修叶造型。

（3）放置花泥 根据插花器皿的形状、大小，用小刀切割花泥，使其略小于器皿，花泥的四个角切成弧形，便于插花，花泥比器皿高出3~4厘米。

（4）插制骨架 根据半球形花型结构，在花泥四周沿花器口边缘水平插入六支或八支等长的花枝。

（5）插焦点花 在花泥的中央垂直插入花枝，作为焦点花，高度一般不超过30厘米。

（6）插主体花 在骨架花与焦点花规定的半球形轮廓范围内均匀地插入其他主体花，形成一个半球体。

（7）插填充花 在主花材空隙内插入填充花花材，遮盖花泥。不能遮盖主体花，不能超出半球形的轮廓范围，球面要饱满圆滑。

（8）清理操作现场 整理多余的花材，清理花材垃圾。

四、活动成果

每个小组展示作品，并给出100字左右推荐语。开展师生鉴赏点评。指出作品的实用性、合理性、新颖性以及尚可改进的地方。小组根据师生点评，进一步完善造型。由全班同学无记名投票评选出"最美插花"。

❖ 知识链接

一、生产劳动的内涵

生产劳动是创造财富和价值的活动。具体而言，它是劳动者借助一定的生产资料，使自己的劳动作用于某一劳动对象，按照预定的目的生产某种产品或创造某种价值的活动。生产劳动一般包括农业生产劳动、工业生产劳动、部分服务业生产劳动。

二、农业生产劳动

人类最早的劳动形式就是农业生产劳动，参加农业生产劳动是学生经历和体验完整的动植物生长、亲近大自然、获得劳动技能的方式之一。就劳动教育而言，农业生产劳动是看得见、摸得着、手脑并用的一个基础载体。经历完整的农业劳动过程后，学生会形成和丰富对劳动工具、劳动对象、劳动环境等的基本认知。所以，学生应主动参加农业生产劳动，直接体验劳动过程、感受劳动之美、了解劳动的基本环节及相关知识，了解农村生活，真正知道劳动果实来之不易，从而获得知识体验和感悟，增强劳动意识，增长知识和技能。

广义的农业是指农业、林业、畜牧业、渔业等产业形式；狭义的农业是指种植业，包括生产粮食作物、经济作物、饲料作物和绿肥等农作物的生产活动。农业属于第一产业。农业的劳动对象是有生命的动植物，获得的产品是动植物本身。我们把利用动植物等生物的生长发育规律，通过培育动植物生产食品及工业原料的产业，统称为农业。农业是支撑国民经济建设与发展的基础产业。现阶段的农业分为植物栽培和动物饲养两大类。土地是农业中不可替代的最基本的生产资料，劳动对象主要是有生命的动植物。农业受自然条件影响大，有明显的区域性和季节性。农业是人类衣食之源、生存之本，是一切生产的首要条件，它为国民经济其他部门提供粮食、副食品、工业原料等。

相对于传统农业，假日农业、休闲农业、观光农业、旅游农业等新型农业也迅速发展，成为与产品生产农业并驾齐驱的重要产业。传统农业的主要功能是农产品的供给，而现代农业的主要功能除了农产品的供给，还有生活休闲、生态保护、旅游度假、文化传承、教育等，对满足人们的精神需求、构建人们的精神家园具有重要意义。

三、工业生产劳动

工业是指采集原料，并把它们加工成产品的行业。工业是社会分工发展的产物，经过了手工业、机器大工业、现代工业几个发展阶段。工业是第二产业的重要组成部分，传统意义上分为轻工业和重工业两大类。工业是国民经济中最重要的物质生产部门之一。工业生产主要是对自然资源以及原材料进行加工或装配的过程，要求从业人员具备一定的体能和技能。总之，工业劳动是我国现代化进程中非常重要的劳动形式。若没有大规模工业化生产，就没有我国现代化的发展。

中华人民共和国成立以来，在中国共产党的领导下，我国建立起门类齐全的现代工业体系，实现了由一个贫穷落后的农业国成长为世界第一工业制造大国的历史性转变。党的十八大以来，以习近平同志为核心的党中央高瞻远瞩，提出一系列治国理政新理念新思想新战略，工业制造加快向高质量发展推进。现代工业为我国经济繁荣、人民富裕、国防安全，以及世界经济稳定发展作出了卓越贡献。

可以结合当地实际情况，组织学生参加以下工业生产劳动：

①进入食品加工厂，参观原材料从进厂到进入流水线，再到成品的完整过程，了解不同食品的生产过程以及食品安全的保障等知识。

②进入服装加工厂，了解服装的设计过程，以及机械化的服装制作流程。

③进入工艺品加工厂，了解原材料加工成为艺术品的过程，学习工人师傅的工匠精神与负责任的工作态度。

参加工业生产劳动，可以让学生了解我国工业生产发展过程，了解科学技术是第一生产力的深刻内涵，尊重工人的劳动成果，亲身体验科学技术，学习劳模精神、工匠精神等。

四、服务性生产劳动

现代服务业是指以现代科学技术特别是信息网络技术为主要支撑，建立在新的商业模式、服务方式和管理方法基础上的服务产业。它既包括随着技术发展而产生的新兴服务业态，也包括运用现代技术对传统服务业的改造和提升。服务业的兴旺发达是现代经济的显著特征，是经济社会发展的必然趋势，是衡量经济发展现代化、国际化、高端化的重要标志。生产性服务业是服务业的重要组成部分，是当前中国经济最具活力的产业，也是未来经济发展最具潜力的产业。生产性服务业可以理解为一种中间服务部门，主要为各类市场主体的生产活动提供服务；而生活性服务业提供的服务主要用于居民最终消费。2014 年，国务院出台了《关于加快发展生产性服务业促进产业结构调整升级的指导意见》，明确了之后一段时期，我国生产性服务业的重点发展领域，为正确理解生产性服务业的概念和内涵提供了国家视角。2019 年，国家统计局制定了《生产性服务业统计分类（2019）》，为开展相关产业统计工作提供了依据。目前，生产性服务业涉及 16 个国民经济行业门类，348 个行业小类，主要包括批发业，交通运输、仓储和邮政业，信息传输、软件和信息技术服务业，金融业，租赁和商务服务业，科学研究和技术服务业，生态环保和环境治理业等。

大学生有必要在生产性服务业领域参与实习和实践活动。学生提前进入生产性服务业领域，从事力所能及的劳动，对其更好地认识商品和交易活动、与人交往都有积极作用，有利于学生进行职业生涯规划，认识自我；也有利于改变学生因不了解某些劳动而歧视劳动、逃避劳动的观念。

拓展阅读

中国农民丰收节

在每年的秋分日设立中国农民丰收节是党中央、国务院作出的一项重大决策，是第一个在国家层面专门为农民设立的节日。中国农民丰收节相关工作的开展顺应了新时代的新要求、新期待，极大调动起亿万农民的积极性、主动性、创造性，提升亿万农民的荣誉感、幸福感、获得感，汇聚起乡村振兴、加快推进农业农村现代化的磅礴力量。瓜果飘香，五谷归仓。中国农民丰收节是第一个从国家层面为亿万农民设立的节日，是对农民巨大贡献的由衷肯定和对父老乡亲们最真诚的敬意和嘉许。"北场芸蒮罢，东皋刈黍归。"丰收节不单单是一个节日，它承载了农民的期盼和梦想。遍地的硕果写满耕作的辛劳和劳动的荣光，辛勤耕种的农民品味收获的喜悦。神采各异的特色村寨、缤纷多彩的民俗活动、令人垂涎欲滴的农家美食、载歌载舞的丰收歌会……自 2018 年首个中国农民丰收节以来，庆丰收活动日益精彩，农民喜迎丰收的笑容也愈加灿烂。丰收节还是一种精神符号，是传承中华农耕文化的鲜明符号和展示乡村振兴成就的重要窗口。亿万农民在自己的"主场"展现出独特的风采，传统乡村地域文化也得到了一次集中挖掘和展示。

项目十二

服务性劳动技能

◈ **学习目标**

(1)认识服务性劳动的内涵和意义。

(2)了解服务性劳动对当代大学生的意义，使学生在劳动中获得成长。

◈ **实践活动**

开展国际志愿者日社会实践活动

一、活动目标

进一步弘扬"奉献、友爱、互助、进步"的志愿服务精神，在全社会营造"我为人人，人人为我"的社会风尚，提升新时代青年大学生的社会责任感。

二、活动准备

进行国际志愿者日社会实践活动策划。

三、活动过程

以小组为单位选择活动主题中的一项开展活动策划，并根据活动策划开展活动。

1. 开展"争当生态文明建设排头兵"志愿服务活动。加强九湖生态环保志愿队伍建设，培育和凝聚生态环保青年社会组织，开展"争当生态文明建设排头兵"志愿服务活动，宣传环境保护法律法规和相关环保知识，唤醒社会民众爱护环境的公共意识，协助相关部门监督各种环境违法现象，引导青年志愿者开展保护滇池、保护母亲河、保护海鸥等志愿服务活动。

2. 开展青年志愿者助老行动。关注老战士、老专家、老教师、老模范等离退休老同志和特殊困难老年人群体的实际需要，深化特色的"菜单式"志愿服务模式，以"结对+接力"的方式，围绕老年人在出行、就医、购物、使用智能手机等方面的实际困难，务实开展助老志愿服务，推动全社会形成"敬老、爱老、助老"的良好氛围，让老年人有更多的获得感、幸福感、安全感。

3. 开展青年志愿者服务留守儿童关爱行动。切实服务教育"双减"，面向城乡社区青少年特别是留守儿童和困境青少年群体，围绕思想引领、学业辅导、健康生活、科技创新、艺术素养等方面，务实开展关爱志愿服务，丰富社区少年儿童课余生活。

4. 开展国家通用语言文字普及工程。聚焦"直过民族"聚居区，通过国家通用语言文字普及工程帮助一批少数民族贫困青少年提升沟通交流能力。

四、活动成果

通过社会实践报告或调查报告等形式呈现相关志愿服务成果，可以文字、图片、视频等方式呈现。

开展暑期"三下乡"社会实践活动

一、活动目标

深入学习宣传贯彻习近平新时代中国特色社会主义思想，全面贯彻落实党的二十大精神，切实发挥共青团作为广大青年在实践中学习中国特色社会主义和共产主义的学校作用，引导和帮助广大青年学生在与现实相结合的"大思政课"中"受教育、长才干、作贡献"，引领学生立志做有理想、敢担当、能吃苦、肯奋斗的新时代好青年。

二、活动准备

以小组为单位选择活动主题中的一项开展活动策划，活动开展时间原则上不少于7天，并根据活动策划开展活动。

三、活动过程

1. 理论普及宣讲团。认真学习宣传贯彻党的二十大精神，组织学生走进基层、偏远地区、社区、农村、军营等，精心设计开展有内涵、有人气的宣传教育活动，引领广大青年学生更加深刻领悟"两个确立"的决定性意义，更加信心满怀地紧跟党的核心、人民领袖奋进新征程、建功新时代。结合学习贯彻习近平新时代中国特色社会主义思想主题教育，把理论学习、调查研究贯通起来，坚持读原著、学原文、悟原理，坚持多思多想、学深悟透，全面学习领会习近平新时代中国特色社会主义思想的科学体系、精髓要义、实践要求，做到整体把握、融会贯通。

2. 乡村振兴促进团。深入贯彻落实习近平总书记给中国农业大学科技小院学生的重要回信精神以及关于"三农"工作的重要论述，引领学生将课堂学习与乡村实践紧密结合，发扬实事求是精神，掌握密切联系群众方法，脚踏实地，为加快推进农业农村现代化、全面建设社会主义现代化国家贡献青春力量。要深入乡村一线，特别是160个国家乡村振兴重点帮扶县，广泛实施教育关爱、爱心医疗、科技支农、基层社会治理、生态文明建设等领域的重点项目，帮助发展乡村产业，改善基础设施，美化乡村环境，提升乡风文明，促进乡村公共服务，讲好乡村振兴故事。

3. 发展成就观察团。聚焦党的十八大以来党和国家取得的历史性成就、发生的历史性变革，以中国大地为课堂，以脱贫攻坚重大历史性成就、全面建成小康社会决定性成就等为现实教材，组织学生在国情考察、社会观察、调查研究、学习体验、志愿服务中了解国情社情民情，感受全过程人民民主的生动实践，引导学生深刻领悟党的领导、领袖领航、制度优势、人民力量的关键作用，坚定党奋进新征程的信心决心。

4. 党史学习教育团。持续深入学习贯彻习近平总书记关于党史学习教育的重要论述，推进党史学习教育常态化长效化。持续深化建党百年激发的爱党爱国爱社会主义热情，继续组织学生广泛学习宣传党的百年奋斗重大成就和历史经验，依托各地红色资源，开展重走红色足迹、追溯红色记忆、访谈红色人物、挖掘红色故事、体悟红色文化等多种形式的活动，以重要时间节点为契机深化仪式教育，引导学生弘扬伟大建党精神，让红色基因、革命薪火代代传承。

四、活动成果

通过社会实践报告或调查报告等形式呈现相关社会实践成果，可以文字、图片、视频等方式呈现。

开展勤工助学社会实践活动

一、活动目标

通过开展勤工助学社会实践活动，培养学生自立自强、创新创业精神，增强学生社会实践能力，同时通过勤工助学资助家庭经济困难学生完成学业。

二、活动过程

熟悉勤工助学岗位申报流程。

三、活动准备

勤工助学分为校内勤工助学和校外勤工助学岗位，固定岗位和临时岗位。校内勤工助学岗位类型包含校内教学助理、科研助理、行政管理助理和学校公共服务等为主。学生根据学校相关勤工助学岗位聘用通知主动报名，管理部门通过择优录取的双向选择方式完成勤工助学聘用工作。

四、活动成果

通过勤工助学报告等形式呈现相关社会实践成果，可以文字、图片、视频等方式呈现。

开展大学生岗位实习实践活动

一、活动目标

依托实训，参与真实的生产劳动和服务性劳动，增强职业认同感和劳动自豪感，提升创意物化能力，培育不断探索、精益求精、追求卓越的工匠精神和爱岗敬业的劳动态度。

二、活动准备

以学生自身专业对应初次就业岗位为依托，组织学生参加兼职、跟岗实习、顶岗实习等实践活动。

三、活动成果

通过岗位实习实践报告或调查报告等形式呈现相关实习实践成果，可以文字、图片、视频等方式呈现。

◈ 知识链接

一、服务性劳动的内涵及意义

2020年7月，教育部《关于印发〈大中小学劳动教育指导纲要（试行）〉的通知》中明确指出，服务性劳动教育要让学生利用知识、技能等为他人和社会提供服务，在服务性岗位上见习实习，树立服务意识，实践服务技能；在公益劳动、志愿服务中强化社会责任感。针对职业院校学生，强调要定期开展校内外公益服务性劳动，做好校园环境秩序维护，运用专业技能为社会、为他人提供相关公益服务，培育社会公德，厚植爱国爱民的情怀；依托实习实训，参与真实的生产劳动和服务性劳动，增强职业认同感和劳动自豪感，提升创意物化能力，培育不断探索、精益求精、追求卓越的工匠精神和爱岗敬业的劳动态度，坚信"三百六十行，行行出状元"，体认劳动不分贵贱，任何职业都很光荣，都能出彩。针对普通高等学校学生，要强化服务性劳动，自觉参与教室、食堂、校园场所的卫生保洁、绿化美化和管理服务等，结合"三支一扶"、大学生志愿服务西部计划、"青年红色筑梦之旅""三下乡"等社会实践活动开展服务性劳动，强化公共服务意识和面对重大疫情、灾害等危机主动作为的奉献精神。

1. 服务性劳动的内涵

组织服务性劳动是新时代党对教育的新要求，是中国特色社会主义教育制度的重要内容，是全面发展教育体系的重要组成部分。马克思主义劳动观认为，人不仅凭借劳动满足最基本的生存需要，实现社会财富的创造和积累，也要通过劳动来实现人的自由本质。劳动不但创造了人的物质生活，也充盈着人的精神世界，使人得以成长。服务性劳动是以提供非实物、不能储存的劳动成果而区分于生产劳动的，是在人类劳动发展过程中产生的特殊劳动形态，同样具有重要的育人功能。通过学校有计划、有目的地组织大学生参加各种校内外服务性劳动，大学生能够通过实践锻炼意志、磨炼性格，养成正确的劳动价值观和优良的劳动品质。社会实践劳动是大学生参与服务性劳动的重要措施之一。

2. 服务性劳动的意义

服务性劳动对学校、学生和社会有着独特的作用，在提高大学生参与社会建设的积极性，增强社会责任感，将教育与实践相连接、课堂与生活相结合，突出学生主体性功能的发挥，积极推动社会共同体的建立，以及对高校人才培养质量提升、学生素质养成和社会发展等方面都能起到积极的作用。

服务性劳动教学组织过程一般包含服务性劳动需求调查、实施方案设计、开展服务性劳动、成果反思交流四个方面。课程设计与传统的理论课程相比，更加注重以学生为主体，注重发掘学生对学校、社会以及师生关系的认知，能够更好地发挥学生的主观能动性。同时，区别于一般的公益性劳动、志愿服务、社会实践、勤工助学和岗位实习，服务性劳动教育更加注重反思和交流的部分，能够更好地促进师生关系发展，同时服务性劳动成果也为学校师生提供了更好的教育教学生活环境。

服务性劳动能够对大学生进行思想道德教育和劳动教育，提升大学生的社会责任感。通过参与服务性劳动，大学生能更好地了解国家和社会的发展需求，培养爱国主义精神，增强为国家和人民服务的使命感。汕头大学针对服务性劳动课程对大学生社会主义核心价值观认知影响效果的调查结果显示，参与服务性劳动课程的学生整体认为课程有助于培养大学生的服务与奉献精神、敬业与诚信精神、维护道德与实事求是精神、积极乐观与和谐友善精神等，有利于培养大学生的社会主义核心价值观。

服务性劳动能够培养大学生的公民意识，增进社会参与能力和团队协作能力。在服务劳动实践中，大学生需要与他人合作完成任务，培养团队协作精神，并且主动与团队沟通协调完成各项任务工作，提高沟通协调能力。每一项服务性劳动的组织策划和开展都是一个团队协作的过程，如何设计问卷并开展问卷调查、如何组织培训、怎样高效沟通，在完成服务性劳动的过程中，这些能力都能得到实践与提升。

服务性劳动能够为大学生提供服务实践的经验，提升大学生的实践能力和服务能力。服务劳动实践活动为大学生提供了丰富的实践场所和实践资源，校内外的服务性劳动场所为大学生解锁了更多的实际工作场景，勤工助学、岗位实习等都有助于大学生将理论知识与实际操作相结合，让学生能够更好地达到知行合一。

服务性劳动能够激发大学生提升批判思考的能力和解决实际问题的能力，锻炼大学生的意志品质。服务性劳动重在体验、合作、探索，在服务过程中，需要学生将自己的理论知识和对实际问题的认知结合起来分析，由表及里地去伪存真。如果遇到实际问题与以往所学知识相悖的情况，也能批判性地思考问题，并通过劳动实践得出当前条件下更合理的解决方法。同时，服务性劳动往往需要大学生在艰苦的环境中工作，能够让学生更好地了解国情社情民情，更好地认识"奉献、友爱、互助、进步"的志愿服务精神，有助于培养大学生吃苦耐劳、勇于担当、敢于创新的精神品质。

除了能在校内搭建服务性劳动平台以外，还能与各县（市、区）合作搭建校地共建平台，为大学生提供更多出彩机会的同时，校地共建中的服务性劳动往往是在多年工作中总结出来的痛点和难点，更加贴近社会的实际需求，能够为社会提供实质性的帮助。

大学生参加服务性劳动实践，是参与劳动教育重要的组织环节。对培养大学生劳动观、劳动习惯和劳动品格有着重大意义，能够培育大学生社会公德，厚植爱国爱民的情怀，养成艰苦朴素、吃苦耐劳的美德。同时，大学生在服务实践劳动中能够锻炼动手能力，促进脑部思维与肢体劳动相结合，提升大学生专业技能水平，将理论知识与实践有效结合。

二、服务性劳动的分类

1. 志愿服务

志愿服务，指志愿者、志愿服务组织和其他组织自愿、无偿向社会或者他人提供的公益服务。志愿者，是指以自己的时间、知识、技能、体力等从事志愿服务的自然人。志愿服务组织，是指依法成立，以开展志愿服务为宗旨的非营利性组织。志愿精神是"奉献、友爱、互助、进步"。志愿者誓词："我愿意成为一名光荣的志愿者。我承诺：尽己所能，不计报酬，帮助他人，服务社会，践行志愿精神，传播先进文化，为社会进步贡献力量！"

志愿服务主要领域包括：扶贫济困、扶老助残、恤病助医、救孤助学、救灾救援以及环保和文化等多个方面。开展志愿服务，应当遵循自愿、无偿、平等、诚信、合法的原则，不得违背社会公德、损害社会公共利益和他人合法权益，不得危害国家安全。志愿者、志愿服务组织、志愿服务对象可以根据需要签订协议，明确当事人的权利和义务，约定志愿服务的内容、方式、时间、地点、工作条件和安全保障措施等。根据《志愿服务条例》内容要求，高等学校、中等职业学校可以将学生参与志愿服务活动纳入实践学分管理。

2. 三下乡

大学生"三下乡"，是指各高校在暑期开展的有关文化、科技、卫生进入农村的"三下乡"社会实践活动。活动成员以志愿者的形式深入农村乡镇，传播先进文化和科技，体验基层民众生活，调研基层社会现状。通过一系列实践项目以提高大学生的社会实践能力和思想认识，同时让他们更多地为基层群众服务。"三下乡"是群众性精神文明创建活动的名牌项目，是对 1994 年以来开展的全国大学生志愿者扫盲与科技文化服务行动的进一步深化，也是暑期大学生社会实践的拓展和延续。

3. 勤工助学

勤工助学是指学生在学校的组织下利用课余时间，通过自己的劳动取得合法报酬，用于改善学习和生活条件的社会实践活动。勤工助学是组织实施劳动教育的具体实践活动，不仅是实施劳动实践的重要平台，而且是实现劳动教育目标的重要途径之一。勤工助学实践能够树立大学生的劳动价值观念、培养其劳动知识素养、涵养其劳动精神品德等育人功能，是在校大学生树立自立自强精神、加强自我教育管理的一种重要形式，同时也是资助和解决家庭经济困难学生的一种有效途径，要想参与勤工助学，需要满足一定的素养要求、知识要求和技能要求。

4. 西部计划

"大学生志愿服务西部计划"是团中央、教育部根据国务院常务会议、国务院办公厅《关于做好 2003 年普通高等学校毕业生就业工作通知》和 2003 年全国高校毕业生就业工作电视电话会议精神的要求而实施的，财政部、人事部给予相关政策、资金支持。"大学生志愿服务西部计划"按照公开招募、自愿报名、组织选拔、集中派遣的方式，每年招募一定数量的普通高等学校应届毕业生，到西部贫困县的乡镇从事为期 1~3 年的教育、卫生、农技、扶贫及青年中心建设和管理等方面的志愿服务工作。"大学生志愿服务西部计划"是国家引导高校毕业生服务西部地区的经济社会发展，促进毕业生就业创业和培养青年人才的重要举措，是中央部门组织实施的四大基层就业项目之一。2011 年，"西部计划"被列入国家重大人才工程"高校毕业生基层培养计划"。

5. 三支一扶

"三支一扶"政策，是每年在一定的时间招募一定数量的高校毕业生，到农村基层从事支医、支教、支农、扶贫工作，为促进农村基层卫生、教育、农业、扶贫等社会事业的发展提供人才支撑。通过在网上公开计划、大学生自愿报名、组织考试选拔、统一派遣的方式进行，工作的服务期限是两年，到期后，协议自行解除，大学生可以自主择业。

6. 青年红色筑梦之旅

2017 年，第三届中国"互联网+"大学生创新创业大赛新增设"青年红色筑梦之旅"活动。全国 150 万大学生参加本届大赛，上百支大学生创新创业团队参加了走进延安、服务革命老区的"青年红色筑梦之旅"活动。活动期间，全体队员给习近平总书记写信汇报了收获和体会。2017 年 8 月 15 日，习近平总书记给参加第三届中国"互联网+"大学生创新创业大赛"青年红色筑梦之旅"活动的大学生回信，深切勉励青年学生。习近平总书记的回信对"青年红色筑梦之旅"活动赋予了特殊意义，对参赛单位与参赛人员产生了深远的影响。广大师生在积极学习和贯彻习近平总书记回信中的精神，实践和传承红色基因的过程中，"青年红色筑梦之旅"精神慢慢形成，简称"红旅精神"。

参考文献

北京未来新世纪教育科学发展中心，2004. 劳动保护北京[M]. 北京：远方出版社.

蔡映辉，刘祥玲，2021. 高校服务性劳动教育：理论与探索[M]. 北京：科学出版社.

曹三杰，汤火箭，2023. 新时代大学生劳动教育理论与实践[M]. 北京：科学出版社.

邓散木，1984. 说文解字部首校释[M]. 上海：上海书店出版社.

法规应用研究中心，2021. 劳动法一本通[M]. 北京：中国法制出版社.

范恒，李存兰，2023. 劳动教育理论与实践[M]. 北京：清华大学出版社.

方小铁，2022. 大学生劳动教育[M]. 北京：北京理工大学出版社.

教育部职业技术教育中心研究所，2021. 劳动教育读本（高职版）[M]. 北京：高等教育出版社.

李淑宁，刘君义，2021. 大学生劳动教育教程[M]. 长沙：湖南师范大学出版社.

林伟淳，丁立杰，陆玲，2022. 大学生劳动教育理论与实践指导研究[M]. 北京：北京工业大学出版社.

刘建锋，刘有为，李咸洁，2023. 高校劳动教育理论课教学模式路径创新研究[M]. 成都：西南交通大学出版社.

刘丽红，肖志勇，赵彤军，2023. 新时代劳动教育理论与实践教程[M]. 北京：中国民主法治出版社.

刘帅岑，2022. 大学生工匠精神培育研究[D]. 北京：北京化工大学.

刘向兵，2019. 新时代高校劳动教育论纲[M]. 北京：社会科学文献出版社.

刘向兵，2021. 劳动通论[M]. 北京：高等教育出版社.

吕红，喻永均，王忠，2020. 高职学生劳动教育[M]. 重庆：重庆出版社.

马克思，2004. 资本论（第二卷）[M]. 北京：人民出版社.

马克思，恩格斯，1972. 马克思恩格斯选集[M]. 北京：人民出版社.

马克思，恩格斯，2009. 马克思恩格斯文集（第九卷）[M]. 北京：人民出版社.

纳春英，2021. 襦服深衣：桃花源里的平民社会与服饰——兼论砖画像中所见汉魏平民服饰[J]. 东方论坛（6）：139-150.

乔治·萨顿，2010. 希腊黄金时代的古代科学[M]. 鲁旭东，译. 郑州：大象出版社.

人力资源社会保障部，2016. 工匠精神[M]. 北京：中国劳动社会保障出版社.

任立，曹伏明，张立宝，2020. 劳动教育理论与实践[M]. 长沙：湖南教育出版社.

盛琴琴，2022. 工匠精神融入高职院校思想政治教育的时代价值与实践路径研究[D]. 绵阳：西南科技大学.

史钟锋，董爱芹，张艳霞，2022. 新时代大学生劳动教育[M]. 北京：清华大学出版社.

宋爱玲，2021. 新时代工匠精神在山西的培育研究[D]. 太原：山西师范大学.

田鹏颖，2022. 劳动教育概论[M]. 北京：中国工人出版社.

拓万兵，陈英征，叶琦，2022. 大学生劳动教育教程[M]. 北京：中国传媒大学出版社.

王秘蜜，2022. 当代中国工匠精神的培育路径研究[D]. 兰州：西北师范大学.

邬承斌，2023. 大学生劳动教育理论与实践[M]. 北京：电子工业出版社.

伍丽娜，夏军，2022. 工匠精神[M]. 天津：天津大学出版社.

习近平，2022. 高举中国特色社会主义伟大旗帜为全面建设社会主义现代化国家而团结奋斗——在中国共产党第二十次全国代表大会上的报告[M]. 北京：人民出版社.

夏征农，1999. 辞海[M]. 上海：上海辞书出版社.

谢爱琳，2023. 建国以来我国劳动教育政策的演进与启示研究[D]. 喀什：喀什大学.

许媚，2020. 新时代劳动教育读本[M]. 成都：电子科技大学出版社.

杨辉，谢金苗，罗璋，2023. 大学生劳动教育理论与实践[M]. 西安：西安电子科技大学出版社.

杨松涛，徐洪，杨守国，2021. 大学生劳动教育[M]. 北京：首都师范大学出版社.

杨小军. 2022. 新时代高校劳动教育探究[M]. 北京：中国社会科学出版社.

杨哲，汪伟，王菁，2022. 劳动教育理论与实践[M]. 长沙：湖南大学出版社.

余金宝，2022. 新时代大学生劳动教育教程[M]. 北京：北京理工大学出版社.

张觉，2012. 荀子译注[M]. 上海：上海古籍出版社.

周利生，2021. 劳动教育概论[M]. 北京：高等教育出版社.

周子波，2022. 新时代大学生劳动教育教程[M]. 沈阳：东北大学出版社.

最高人民法院民事审判第一庭，2015. 最高人民法院劳动争议司法解释4—理解与适用[M]. 北京：人民
    法院出版社.

附录

榜样人物先进事迹

"劳动是财富的源泉、幸福的源泉。"善于创造、热爱劳动、勤于劳作是中华民族最为鲜明的伟大品格。在不懈追求美好生活的历史奋斗中，中国人民靠实干创造幸福，用汗水浇灌梦想，谱写了彪炳史册的奋斗诗篇，开辟了民族复兴的光明前景。大学生是时代的追梦人，是民族复兴的主力军。为更好地帮助大学生理解、学习、实践劳动精神，现将部分"共和国勋章"获得者、大国工匠年度人物、全国劳动模范的先进事迹整理于此，供大家学习。

一、"共和国勋章"获得者：钟南山

钟南山，男，汉族，中共党员，1936 年 10 月生，福建厦门人，广州医科大学附属第一医院国家呼吸系统疾病临床医学研究中心主任，中国工程院院士，第十一届、第十二届全国人大代表，第八届、第九届、第十届全国政协委员。他长期致力于重大呼吸道传染病及慢性呼吸系统疾病的研究、预防与治疗。新冠疫情发生后，他敢医敢言，提出存在"人传人"现象，强调严格防控，领导撰写新冠肺炎诊疗方案，在疫情防控、重症救治、科研攻关等方面作出杰出贡献。荣获国家科学技术进步奖一等奖和"全国先进工作者""改革先锋"等称号。

84 岁高龄的钟南山从医从教一甲子。钟南山以其专业精神、勇敢担当和仁心大爱，诠释了医者的初心和使命，诚如他在全国抗击新冠疫情表彰大会上发言时所讲："'健康所系，性命相托'，就是我们医务人员的初心；保障人民群众的身体健康和生命安全，是我们医者的使命。"

专业："科学只能实事求是"

2003 年初，非典型性肺炎袭来之际，情况十分危急。面对这样一种前所未有的疾病，钟南山以其专业学养和丰富经验，否定了"典型衣原体是非典型性肺炎病因"的观点，从而为及时制定救治方案提供了决策依据。

敢于下这个判断，是因为钟南山查看过每一个病人的口腔。有朋友悄悄问他："你就不怕判断失误吗？有一点点不妥，都会影响你中国工程院院士的声誉。"钟南山则平静地说："科学只能实事求是，不能明哲保身，否则受害的将是患者。"

20 世纪 70 年代末，钟南山赴英国留学。他刻苦学习，在较短时间内取得多项重要科研成果，赢得了国外同行的尊重。学业结束时，面对学校和导师的盛情挽留，钟南山一一谢绝："是祖国送我来的，祖国需要我，我的事业在中国。"

抗击非典型性肺炎期间，钟南山和他的研究团队日夜攻关，终于在短时间内摸索出一套行之有效的救治办法，为降低病亡率、提高治愈率作出了突出贡献。

面对很多荣誉，钟南山总说自己不过就是一个看病的大夫。然而，就是这个不平凡的大夫，无论是面对非典型性肺炎还是新冠肺炎，始终坚持实事求是，每一次面对公众发声，总能以医者的专业和担当传递信心和安全感。

担当："我们不冲上去谁冲上去"

从 17 年前那一句"把最危重的病人转到我这来"，到"抗击疫情，医生就是战士，我们不冲上去谁冲上去？"钟南山肩上始终扛着医者的担当。

2020 年 1 月 18 日傍晚，一张钟南山坐高铁赴武汉的照片感动无数网友：临时上车的他被安顿在餐车里，一脸倦容，眉头紧锁，闭目养神，身前是一摞刚刚翻看过的文件……钟南山及时提醒公众"没有特殊的情况，不要去武汉"，自己却紧急奔赴第一线。

两天之后，1 月 20 日，作为国家卫生健康委员会高级别专家组组长钟南山告知公众新冠肺炎存在"人传人"现象。此后，他带领团队日夜奋战，一边进行临床救治，一边开展科研攻关。疫情防控期间，他和团队先后获得部级科研立项 5 项、省级科研立项 16 项、市级科研立项 5 项，牵头开展新冠肺炎应急临床试验项目 41 项，并在《新英格兰医学杂志》等国际知名学术期刊上发表文章 50 余篇，牵头完成新冠肺炎相关疾病指南 3 项、相关论著 2 部。

钟南山不仅为国内的疫情防控立下汗马功劳，也为全球共同抗击疫情积极贡献力量。他先后参与了 32 场国际远程连线，与来自美国、法国、德国、意大利、印度、西班牙、新加坡、日本、韩国等 13 个国家的医学专家及 158 个驻华使团代表深入交流探讨，分享中国经验，开展国际合作。

钟南山是一名医生，却不只是医生。每一次面临相关突发公共卫生事件之际，他既有院士的担当，又有战士的勇猛，总是毫无畏惧地冲锋在一线。

仁心："始终站在治病救人的一线"

如今，钟南山仍坚持每周三上午"院士大查房"、每周四下午半天门诊。周围的工作人员介绍，钟南山在冬天会用手先把听诊器焐热，再给病人听诊，给病人看病时会扶着患者慢慢躺下，等检查完之后，再慢慢扶起来。无论病人多大年纪、何种病情，钟南山都一视同仁。他常说："从医几十年，我最大的幸福，是始终站在治病救人的一线。"

医者仁心，往往就从这样一些细节中流露。

面对新冠疫情，钟南山知道公众需要专业的指引。他不仅发挥自己在病理学、流行病学等领域的渊博学识，就连如何洗手、戴口罩等细节也要亲自示范、普及；当他看到疫情防控难度增加时，苦口婆心地劝诫人们一定要尊重医学、尊重知识、加强自我隔离。

从"以疾病治疗为中心"到"以促进人的健康为中心"，钟南山近年来一直致力于推动早诊早治，构筑疾病的"防火墙"。他提出既要"顶天"也要"立地"——"顶天"就是要抓住国际前沿理念、攻关国家急需的项目，"立地"就是要能解决老百姓的需求，研发出有效、安全、价廉、方便的器械和药物。

"这么大年纪了，不累吗？""治病救人，就不会觉得很累！"面对这样的疑问，钟南山总是笑答，"父亲曾说过，人的一生在这个世界上能够留下点什么就不算白活。"这句话，他一直记得，也一直在践行。

在治病救人的第一线，钟南山始终奔跑着。

（引自：共产党员网，有改动）

二、"共和国勋章"获得者：申纪兰

申纪兰，女，汉族，中共党员，1929 年 12 月生，山西平顺人，山西省平顺县西沟村党总支副书记，第一届至第十三届全国人大代表。她积极维护新中国妇女劳动权利，倡导并推动"男女同工同酬"写入宪法。改革开放以来，她勇于改革，大胆创新，为发展农业和农村集体经济，推动老区经济建设和老区人民脱贫攻坚作出巨大贡献。

争取男女同工同酬的急先锋

申纪兰 1929 年出生于山西省平顺县山南底村。抗日战争时期，她就担任过村里纺花织布小组的组长。一嫁到西沟村，她就积极参加劳动。1951 年西沟村成立初级农业合作社时，她成了副社长。这对奉行"好男人走到县，好女子不出院"古训的山里人来说，已让人刮目相看。但在她心里，有一个坎始终过不去：为啥妇女的劳动报酬要少一半？

申纪兰介绍说，按照当时的分工计酬方式，如果男人干一天活计 10 个工分，那么妇女只能计 5 个。不平等的报酬又挫伤着妇女的劳动积极性，很多妇女只愿意干"家里活"，不愿出门参加社会劳动，而这又成为阻碍妇女地位提高的关键。

为了让妇女得到真正的解放，申纪兰走家串户，向妇女宣传"劳动才能获得解放"的道理，同时努力做男社员的思想工作，积极争取男女同工同酬。

开始，很多男社员不赞同。申纪兰认为，只有干出成果，才能让妇女不再受歧视。村里本来是男女共同协作劳动的。经申纪兰申请，社里专门给女社员划出一块地，和男社员进行劳动竞赛。男社员认为稳操胜券，该休息就休息；被发动起来的妇女为了争取自己的权益，始终在田间争分夺秒。最后，女社员赢得了竞赛。这场劳动竞赛在西沟村产生了意想不到的效果，许多男社员都开始支持男女同工同酬。

不久，全国妇联、山西省妇联的同志也来到西沟村。一是考察，二是帮着申纪兰出谋划策。在妇联的支持下，申纪兰带领西沟村妇女提高劳动技能，还设立了农忙托儿所，使妇女能专注劳动。到 1952 年，西沟村已经实现了"男女干一样的活，应记一样的工分"。

1954 年 9 月，在中华人民共和国第一届全国人民代表大会上，申纪兰提出的"男女同工同酬"倡议被写入中华人民共和国第一部宪法。

一切为了人民

1983 年，西沟村全面推行家庭联产承包责任制，但其中也出现了许多新问题。1984 年，申纪兰从村民的根本利益出发，大胆进行改革。

她主张：成林和有林山坡地仍归集体管理；耕地仍然包产到户、自主经营，但实行三年一小调、五年一大调，添人增地、减人减地，确保土地不撂荒。最终，改革宜统则统，宜分则分，统分适度，实现优势互补。

1985 年，结合申纪兰外出考察的经验，利用当地的硅矿资源优势，西沟村建立起第一个村办企业铁合金厂，当年实现利润 150 万元。此后，西沟村又建立起磁钢厂、石料厂、饮料厂，村办企业成了西沟村的经济支柱。

但为了响应党中央保护环境的号召，不把污染留给子孙后代，2012 年，申纪兰和西沟村民决定，拆除了不符合国家产业政策和环保要求的铁合金厂，重新寻找发展定位。几年间，西沟村的红色旅游基础设施逐一兴建，新产业基地拔地而起，引进的知名服饰公司开工生产。

作为唯一连任十三届的全国人大代表，申纪兰通过建议和议案将老区脱贫振兴带入了快车道。中西部开发、引黄入晋工程、太旧高速公路、山西老工业基地改造等促进了经济发展；平顺县提水工程、平顺县二级公路建设、平顺县集中供热、集中供气工程等改善了当地群众的生活。

"当人大代表，就要代表人民，代表人民说话，代表人民办事。"申纪兰是这样说的，也是这样做的。

本色不改　初心不渝

她的"学历"是扫盲班毕业，她一辈子坚持自己只是个农民。1973—1983 年担任山西省妇联主任期间，她坚决不领厅级领导干部的工资，不转干部身份。女儿去太原看她，辛苦坐了一路卡车，她也只在单位院外匆匆见了一面，就让女儿回去了。

申纪兰带领群众脱贫致富，1986 年 9 月与县供销社联合办起一座罐头厂，投产后的第一个月就生产红果、梨罐头 5 万多瓶。她曾荣获"全国劳动模范""全国优秀共产党员""全国脱贫攻坚'奋进奖'""改革先锋"等称号。但她只把荣誉看作一种鞭策。她"勿忘人民、勿忘劳动"的话语，成了自己对人生的一种诠释。

每有团体到西沟村参观学习，她总会在西沟村的会堂给大家介绍，半个多世纪里，在党的带领下，农村发生了翻天覆地的变化。申纪兰说："我的话，就是一个农民对党的恩情由衷的感激。"

永远跟党走是申纪兰不变的初心。"共产党就是要全心全意为人民服务，要立党为公，两袖清风，一身正气。"申纪兰说，"按照党的要求干，就没有什么干不成的事情。"

（引自：共产党员网，有改动）

三、"共和国勋章"获得者：袁隆平

袁隆平，男，汉族，无党派人士，1930 年 9 月生，江西德安人，国家杂交水稻工程技术研究中心、湖南杂交水稻研究中心原主任，湖南省政协原副主席，中国工程院院士，第五届全国人大代表，第六届至第十二届全国政协委员。他一生致力于杂交水稻技术的研究、应用与推广，发明"三系法"籼型杂交水稻，成功研究出"两系法"杂交水稻，创建了超级杂交稻技术体系，为我国粮食安全、农业科学发展和世界粮食供给作出杰出贡献。荣获国家最高科学技术奖、国家科学技术进步奖特等奖和"改革先锋"等称号。

杂交水稻双季亩产突破 3000 斤的心愿，是袁隆平在 90 岁生日时许下的。为了实现这个心愿，90 岁高龄时，他还坚持在海南三亚的国家南繁科研育种基地开展科研。虽然袁老未能看到扩大双季稻亩产 3000 斤的示范成功，但是，在他身后，他一生挚爱的水稻事业后继有人，一批批农业科技工作者把论文写在祖国大地上。

"人就像种子，要做一粒好种子"

1949 年，从小立志学农的袁隆平，如愿报考了农学第一志愿。毕业后，袁隆平来到湘西雪峰山麓的安江农校任教。1960 年，一个寻常的课后，他在校外的早稻试验田里发现一棵"鹤立鸡群"的稻禾：一株足有 10 余穗，挑一穗数了数，有籽粒 200 多粒，他如获至宝，收获时把这一株的籽粒全收了。第二年春天，他播下这些金灿灿的稻种，却发现抽穗时早的早、迟的迟，参差不齐，优异性状完全退化了。

"自花授粉作物没有杂交优势"，这是当时学界的普遍共识。真是这样吗？袁隆平冲破传统学术观点的束缚，义无反顾地选择攻关水稻杂交优势利用。从 1964 年开始，他带着学生，在稻田里从寻找天然雄性不育株入手，用"三系"法研究杂交水稻。他举着放大镜，一垄垄、一行行，终于在第 14 天发现了第一株雄性不育株；此后，他带领助手用上千个水稻品种进行了 3000 多次试验。直到 1970 年才打开了杂交水稻研究的突破口。1973 年，中国籼型杂交水稻"三系"配套成功。

"人就像种子，要做一粒好种子"，这是袁隆平院士生前常说的一句话。他也用一生，为这句话写下了注脚。

"要种出好水稻必须得下田"

2019 年，袁隆平获得"共和国勋章"。捧着沉甸甸的勋章，他觉得自己"不能躺在功劳簿上睡大觉"。颁奖会后第二天，袁隆平匆匆赶回湖南。回去第一件事，还是下田去看他的水稻。

对袁隆平来说，下田就像一日三餐一样平常。为了缩短杂交水稻育种周期，几十年来，袁隆平师徒几人背着干粮，在云南、海南和广东等地辗转研究。

李建武说"袁老师常常对我们说，电脑里长不出水稻，书本里也长不出水稻，要种出好水稻必须得下田"。如今，几代年轻的科学家已经逐渐接过种业振兴的担子，继续攻坚在一块块水稻试验田中。

"杂交水稻覆盖全球"是袁隆平的一个梦想。他曾说："全世界有一亿六千万公顷的稻田，如果其中有一半稻田是杂交水稻，每公顷增产两吨算，可以增产一亿六千万吨粮食，能多养四到五亿人。中国的水稻将为人类的粮食安全作出贡献。"

现在，杂交水稻已经在亚洲、非洲、美洲的数十个国家和地区推广种植，年种植面积达 800 万公顷。金黄的稻谷，让无数人享受到了吃饱的幸福，看到了生活的希望。

"袁隆平院士为推进粮食安全、消除贫困、造福民生作出了杰出贡献！"联合国如此评价他。

（引自：共产党员网，有改动）

四、"共和国勋章"获得者：屠呦呦

屠呦呦，女，汉族，中共党员，1930 年 12 月生，浙江宁波人，中国中医科学院中药研究所青蒿素研究中心主任。她 60 多年致力于中医药研究实践，带领团队攻坚克难，研究发现了青蒿素，解决了抗疟治疗失效难题，为中医药科技创新和人类健康事业作出巨大贡献。荣获国家最高科学技术奖、诺贝尔生理学或医学奖和"全国优秀共产党员""全国先进工作者""改革先锋"等称号。

一辈子专注青蒿素

"呦呦鹿鸣，食野之蒿。"屠呦呦不仅用一株小草改变了世界，而且在 2000 年至今的 27 位国家科技最高奖得主中，创造了多个"第一"：第一位女科学家、第一位非院士科研人员、第一位诺奖获得者、第一个"婉拒"多家媒体采访的获奖者。

从她同事的讲述中，我们得以"窥见"其人其事、其心其志。

1969 年 1 月底，39 岁的屠呦呦，忽然接到一项秘密任务：以课题组组长身份，研发抗疟疾的中草药。

疟疾是一种由疟原虫侵入人体后引发的恶性疾病，病人高烧不退、浑身发抖，重者几天内死亡。应越南请求，中国军方从 1964 年起开始抗疟药研究。1967 年 5 月 23 日，国家科委和解放军总后勤部在北京召开"疟疾防治药物研究工作协作会议"，代号为"523"项目的大规模药物筛选、研究在全国七省市展开。1969 年 1 月 21 日，卫生部中医研究院（中国中医科学院前身）受命加入"523"项目。

屠呦呦的同事、曾任中药研究所所长的姜廷良研究员告诉记者，当时正值"文化大革命"，年老的专家"靠边站"，屠呦呦在北京大学时学习药学，毕业后又脱产学习过两年中医，科研功力扎实，遂被委以重任。

"屠呦呦的责任感很强。"屠呦呦的同事、中药所廖福龙说，"她认为既然国家把任务交给她，自己就要努力工作，一定要做好。"由于丈夫李廷钊被下放到"五七干校"，屠呦呦把不满 4 岁的大女儿送到托儿所全托班，把小女儿送回宁波老家由老人照顾。

阅读中医典籍、查阅群众献方、请教老中医专家……起初，屠呦呦用 3 个月时间，收集了 2000 多个药方，编辑成《疟疾单秘验方集》，送交"523"办公室。此后至 1971 年 9 月初，屠呦呦和同事对包括青蒿在内的 100 多种中药水煎煮提物和 200 余个乙醇提物样品进行了实验，但结果总令人沮丧：对疟原虫抑制率最高的只有 40% 左右。

"重新埋下头去，看医书！"终于有一天，东晋葛洪的《肘后备急方》"青蒿一握，以水二升渍，绞取汁，尽服之"给了屠呦呦灵感——温度是关键！屠呦呦重新设计了提取方案，夜以继日进行实验，终于发现：青蒿乙醚提取物去掉其酸性部分，剩下的中性部分抗疟效果最好！

1971 年 10 月 4 日，实验证实，191 号青蒿乙醚中性提取物对鼠疟原虫的抑制率达到 100%！

"我是组长，我有责任第一个试药。""进行临床试验，需要大量的青蒿乙醚提取物。"姜廷良回忆，课题组用七口老百姓用的水缸作为常规提取容器，里面装满乙醚，把青蒿浸泡在里面提取试验样品。

"乙醚等是有害化学品，当时实验室和楼道里都弥漫着刺鼻的乙醚味道。"姜廷良说，一些人头晕脑胀，甚至出现鼻子流血、皮肤过敏等症状，但当时设备设施简陋，大家顶多戴个纱布口罩，也顾不得许多……

在临床前试验时，个别动物的病理切片中发现了疑似毒副作用，只有进行后续动物试验、确保安全后才能进行临床试验。为了不错过当年的临床观察季节，屠呦呦提交了自愿试药报告："我是组长，我有责任第一个试药！"

1972 年 7 月，屠呦呦等 3 名科研人员成为首批人体试验的志愿者，幸而未发现该提取物对人体有明显毒副作用。经过多年反复试验和临床试用，1977 年，经卫生部同意，课题组以"青蒿素结构研究协作组"名义，在《科学通报》上发表论文，首次向全球报告了青蒿素这一重大原创成果。1986 年 10 月，青蒿素获得卫生部颁发的"新药证书"。

不仅于此。1973 年 9 月，屠呦呦课题组还首次发现了疗效更好的青蒿素衍生物——双氢青蒿素。1992 年，青蒿素类新药——双氢青蒿素片获得"新药证书"，并转让投产。

"我不习惯这种场合上的事，咱们还是加紧青蒿素研究吧。"

2000 年以来，世界卫生组织把青蒿素类药物作为首选抗疟药物，在全球推广。"2005 年，全球青蒿素类药物采购量达到 1100 万人份，2014 年为 3.37 亿人份。"姜廷良介绍说，世界卫生组织《疟疾实况报道》显示，2000—2015 年期间，全球各年龄组危险人群中疟疾死亡率下降了 60%；5 岁以下儿童死亡率下降了 65%。

近几年，屠呦呦两度实现了中国本土科学家在国际奖项上零的突破——2011 年的拉斯克临床医学奖和 2015 年的诺贝尔生理学或医学奖。但她公开表示，中医中药走向世界，荣誉属于科研团队中的每一个人，属于中国科学家群体。

中国中医科学院院长张伯礼认为："虽然青蒿素是特殊时期团队协作的结果，但屠呦呦的贡献非常关键。"

"只要自己的研究得到认可，她就已经很满足。"廖福龙说，"对于国际奖项，她更看重的是'为国争光'"。

国家中医药管理局科技司司长曹洪欣回忆："2009 年中医科学院推荐屠呦呦参评唐氏中药发展奖，她直接打电话给我：我这么大岁数了，给我干吗！"

屠呦呦获得的诺贝尔奖奖金为 46 万美元，折合人民币 300 多万元。据张伯礼介绍，其中 200 万元分别捐给了北京大学医学部和中医科学院，成立了屠呦呦创新基金，用于奖励年轻科研人员；其余则主要支付家人到瑞典领奖的相关费用等。

（引自：共产党员网，有改动）

五、全国劳动模范：邓迎香

邓迎香，女，汉族，1972年10月出生，贵州罗甸人，2009年6月加入中国共产党，2009年3月参加工作，小学学历。她带领村民一起苦战13年，挖通进村隧道，解决了麻怀村以及邻近田坝、甲哨等村6000多名群众的行路难问题，被誉为"当代女愚公"。现任罗甸县沫阳镇麻怀村党支部书记。

麻怀村地处罗甸县沫阳镇的深石山区，同村的翁井、麻怀、屯上3个自然村寨与邻近的田坝、甲哨村落400多户村民，祖祖辈辈居住在崇山峻岭中一个又一个"天坑式"的窝凼里。

过去，村民们打电话要花40多分钟时间爬到寨背后的山坡上才有信号，孩子们通常都是天不亮就出门，翻山越岭花一个多小时才能到达4公里外的村级小学上学，物资进出全靠人工肩挑背驮。

孩子上学难等问题一直困扰着麻怀人。在邓迎香看来，再穷不能穷孩子。

1999年国家实施的农村电网建设覆盖到麻怀村。虽说从麻怀村最近的翁井组到原董架乡政府路程不过七八公里，但崎岖险峻的山路，让工程进展异常艰辛。为了把电线杆和变压器抬进村，时任村副主任李德龙组织村民探路，当地一位村民发现村子南面的广山坡山腰有一个自然溶洞，溶洞北端正好对着翁井组。

大家想，能不能打通溶洞，把山外和麻怀村连接起来？

在李德龙的号召下，麻怀村和翁井组27户村民率先行动，自发组织凿石挖洞。邓迎香也积极加入"挖洞大军"。

原来的溶洞只有几十米深，这让施工队犯了难。邓迎香和村民们只能在狭窄的溶洞里跪着甚至趴着，一锄一镐地凿开岩石。凿一阵子，村民们再紧挨着盘坐在地，从内向外用双手把凿下的岩石、泥块传递到洞外。

两年后的一天晚上，邓迎香和村民正在洞中凿石，忽然听到轻微的敲击声，大家侧耳细听，发现竟是另一组挖掘队凿石发出的敲击声。凌晨，一个村民刨着抠着，猛然间抓到了另一组凿洞村民的手，两人欣喜若狂地大叫："通了！通了！"兴奋的人们奔走相告。

隧洞虽然已被挖穿，但低矮狭窄，最窄处不超过1米，高不超过1.5米，载重汽车根本无法通行。因为经费不够，工程暂时搁浅了。

邓迎香十分惋惜，但她没有气馁，而是积极向有关部门反映协调。

心里一直牵挂着隧道的邓迎香对李德龙说："一定要把隧洞再打高、再打宽。"李德龙、邓迎香夫妇的执着和带头感动了村民。不久，20多户村民再次参与进来，这一挖又是一年。

扩洞工程最大问题是资金、炸药等物资严重缺乏，造成凿石扩洞工程一再搁浅。为此，邓迎香不辞辛苦到处"化缘"求助。社会各界被邓迎香和村民们坚韧不拔、锲而不舍的"愚公移山"精神所感动，先后赞助10万余元、80余吨水泥和其他物资。邓迎香与李德龙还动员在外地经商的女儿女婿，捐助1万元资助扩洞工程。

到 2011 年 8 月，一条连接山内山外，宽度增加到 3.9~5 米，高度增加到 3.5~5 米，能够通行十吨左右农用车的 216 米长穿山隧道主体工程终于竣工。邓迎香的"痴人说梦"终于在她和李德龙的坚守以及村民们的共同努力下成为现实。

麻怀隧道的贯穿、拓宽和开通，让一个千百年来闭塞的小山村瞬间融入了大社会——孩子穿过隧道上学读书，村民走过隧道外出打工，城里的商人通过隧道走进山村……同时解决了麻怀村以及邻近田坝、甲哨等村六个组数千名群众祖祖辈辈的行路难问题，从翁井组出发到县际公路，过去近一个多小时艰难曲折的崎岖山路，现在变成了便捷平坦的水泥路，乘车只需三五分钟，步行只需十五分钟左右，圆了深山里村民世世代代通达山外的梦想。

麻怀隧道通车后，麻怀村村民掀起了脱贫致富、建设家园的热潮。

2014 年，麻怀村群众在邓迎香的带领下创办了村里的第一个农民专业合作社。参加的群众不仅拿到土地流转金，到合作社务工挣钱，年底还能得到分红，全村的群众都被调动了起来，合作社规模不断扩大，村民的收入最少的也翻了一番。

彼年，麻怀村常年在外打工的有 260 多人，在她的动员下，有 240 多人回乡创业抱团发展。

2017 年以来，麻怀村创办了迎香生态农业发展有限公司，注册了"迎香"品牌，通过"三变"改革引村民入股，开始推进山上栽果树、田里种稻菜、家里养黑猪、棚里种植鲜香菇、房前屋后养鹌鹑等乡村产业，并借助距"中国天眼"只有 7 公里的地理优势，利用绿水青山带动村民发展乡村旅游……

如今的麻怀村，水泥路修到自然寨，四通八达，路灯点亮了村里人的生活，家家户户看上了电视、喝上了自来水。村里还新建了农家乐和文化活动场所，村容村貌发生了翻天覆地的变化。

（引自：中工网，有改动）

六、全国劳动模范：任金素

1988 年 9 月参加工作以来，任金素先后获得"贵州省劳动模范""贵州省优秀共产党员""贵州省脱贫攻坚群英谱""遵义市非物质文化遗产（茅台酒酿制技艺制曲）传承人"等荣誉称号，2016 年被贵州茅台酒股份有限公司聘为首席酿造师，2017 年当选中国共产党贵州省第十二次代表大会代表。

创新引领发展

2012 年，任金素带头成立了"阳光技能创新工作小组"，因成效显著被贵州省总工会授牌成立"任金素劳模技能创新工作室"。面对自己的创新举措被社会各界认可，她始终认为工作室不仅是创新的平台，更是提升全员素质的舞台。

5 年来，她先后为制酒车间、生产管理部、质检部以及整个制曲系统输送优秀品酒师、酿造师、酒曲师、班长等几十人。

她以劳模创新工作室为有效平台，充分发挥劳模传、帮、带作用，围绕生产工艺技术难题有针对性地开展技术攻关、理论培训、岗位练兵、技艺传承等活动。劳模创新工作室拓展了弘扬劳模精神的新途径，展示劳模的时代风采，增强了劳模的感召力，让员工群众学有榜样、赶有目标。

作为工作室带头人，她20年来一直从事制曲工作。"曲是酒之魂，有好曲才能酿好酒！"酒曲的好坏决定着茅台酒口感的好坏，但守正创新同样重要。

任金素把创新工作与安全生产、解决事故隐患、工器具改进、工艺流程改善、技术攻关等焦点难点问题结合起来，积极开展班组品质控制活动。成立品质控制兴趣小组40余个，针对生产过程中的难题，分别立项，发表品质控制课题20多项，其中"降低曲盒损坏率"课题还获得贵州省优秀成果奖。

为增强创新工作室的创新能力，她根据制曲生产实际开展技术攻关和技术创新活动，创新成果主要围绕降低大曲异常糖化力开展大曲筛分实验、曲虫防治实验、曲坯高度实验等。

任金素带领员工开展了"探索曲胚最适高度，提高曲胚整体发酵温度""探索夏季制曲，曲坯发酵容易呈灰黑色，中间无黄粑心、温度达不到60℃"等课题攻关项目。

一系列创新举措使工作室涌现出贵州省五一劳动奖章获得者祝敏、茅台集团三级酿造师陈敏、茅台集团金牌员工沈琦现等一批佼佼者。劳动工作室成为新时代劳模工作品牌和服务公司安全发展、科学发展的新载体。

传承恪守工艺

在2019年度生产工作中组织工作室成员定期开展原辅料鉴别、机器调试、小麦磨碎度控制、拌曲配料、曲坯踩制、曲坯摊晾、装仓操作、翻仓操作等培训。

在任金素的培养指导及徒弟的刻苦努力下，员工赵文富、陈美杰、赵小会获得集团公司全能项目车间级能手，陈亮获得单项公司级能手，赵小会获得单项车间级能手。在"以师带徒"考核中，任金素和徒弟沈琦现脱颖而出，获得了茅台集团优秀师徒。

特别是徒弟沈琦现经过她手把手的传授、精心的培养，2018年获得茅台集团金牌员工荣誉称号、2019年获得了茅台集团首批茅台工匠。

责任彰显担当

2014年10月，任金素在参加仁怀市长岗镇的一次活动中，看到一名儿童在冬天还穿着单衣，在和当地村领导沟通后得知长岗镇小山头村有20多名留守儿童没有过冬的衣物。当天回去后，立即购买了20多套学习用具和过冬衣物，并于第二天与团队成员一起送给20多名儿童。任金素并不是一时兴起，在2015年和2016年，她对这20多名儿童进行持续关注，直至长岗镇政府对这20多名儿童进行定点帮扶。

2017年，任金素与徒弟赵文富带头成立"壹加壹"团队进行精准帮扶工作，并于7月4日到仁怀市二合镇仁文村对10多名留守儿童进行家庭走访，制定长期定点帮扶方案，后来在车间领导及同事的帮助下，更是先后在仁怀市二合镇、后山苗族布依族乡建立了30多对"一对一"帮扶，累计帮扶达10余次，帮扶资金达10多万元，让这些孩子能够感受到一份来自社会的关爱和温暖。

"道虽通不行不至，事虽小不为不成。"任金素以不甘平庸的钻劲，心系茅台的情怀和默默奉献的精神，在平凡的岗位上实现了自己的人生价值，践行着制好优质大曲的诺言，赢得了领导、同事和广大员工的赞誉。

（引自：中工网，有改动）

七、全国劳动模范：刘仁军

刘仁军，自 2014 年大学毕业返回家乡从事茶产业工作至今，先后担任种植专业合作社茶叶加工师、贵州詹姆斯芬利（贵州）茶业有限公司质量保证检测员等。工作中，他以匠心的精神，致力于制造精品，力求让消费者喝到放心茶、好茶，打造贵州茶"干净"品牌意识，抓住"多彩贵州"绿色生态环境，抓住"桃源铜仁"茶"干净"本质，抓住"明珠思南"茶营养丰富，把"干净"一词赋予绿色、养生、健康、环保含义，融入合作社，建立从茶园到茶杯的追溯系统，对茶园当天的空气质量、农事活动、生产加工、包装销售进行实时监控，让商家通过网络技术监督企业茶叶生产的全过程，让消费者喝茶喝得放心。正是凭着对茶产业的执着追求、执着钻研和刻苦努力，他不但自己得到了社会的认可，使公司获得了良好收益，同时也推动了贵州省茶产业的快速发展。

人们常说："授人以鱼，不如授人以渔。"对于刘仁军来说，帮助同事和种植户不仅有"鱼"，也一样有"渔"。在日常工作中，他开展了技术传、帮、带工作，他手把手把自己的专业技能传授给同事和种植户，促进了茶种植队伍水平的整体提高。在他对茶专业知识的认真讲解和实际操作的示范下，一些同事还分别在茶加工技能大赛、手工制茶大赛等比赛中获得优异成绩。

在他的带动下，种植专业合作社、公司同事充分发扬吃苦、敢挑战、勇担当的精神，极大地提升了企业的凝聚力、向心力和战斗力，推动了当地茶产业的快速发展。劳模的辐射带动作用，吸引每一位职工积极参与到茶产业的技术创新、科技攻关、岗位练兵中来，为企业培养和造就了一支学习能力强、创新能力强、业务素质高的精英团队。贵州詹姆斯芬利茶业有限公司向祚权告诉笔者，刘仁军同志爱岗敬业，尽职尽责，工作中遇到问题，总是冲在第一个并且提出自己具有建设性的建议。他专业知识扎实，并且乐于将自己所学的知识和技能分享给同事，鼓励他们去参加比赛。他茶叶加工技术高超，多次在国内茶叶加工比赛中斩获奖项。都说榜样的力量是无穷的。此次刘仁军同志入选全国劳动模范，在公司内起到了很好的模范作用，激励着大家努力工作，为公司和社会作出更大的贡献。

茶产业已成为贵州支柱产业之一，是脱贫攻坚重要富民产业之一。为了能让家乡群众发展产业，让贫困群众增收致富，刘仁军利用所学专业知识和从事茶产业的成功经验，大力发展当地茶产业 300 多亩茶园，20 多人长期工作，人均增收 5000 多元，并辐射带动周边乡（镇）200 余农户增收。这些年来，他每年都坚持为种植户讲授茶叶种植、加工技术，毫不吝啬地把自己多年积累的经验、技术传授出去，带动更多的群众脱贫致富。茶产业的发展不仅为家乡的青山增添了一抹绿色，更让思南县贫困群众快步踏上致富的列车。

"刘仁军学的是茶叶专业，在外面也会发展很好，他选择回乡发展茶叶种植，给老百姓带来了很多福利，比如种植基地可以给周边群众提供就业，辐射带动周边群众增收。他回乡发展茶叶已有两年了，但是这两年都是投入，每一个月工人工资都要发放两万多，我们都希望他做得更好，他搞好了，我们大家都好。"鹦鹉溪镇大水溪村郎水组村民刘太乾说。

刘仁军常常奔走于全国各地的茶叶批发市场与茶商进行对接，多次参加大型茶叶展销会寻找新的商机，并积极开拓网络销售渠道，成功将思南茶叶卖到了全国各地。

贵州詹姆斯芬利茶业有限公司早在130多年前就涉足茶叶贸易，是当今全球最大的茶叶种植企业、茶叶提取物生产商、片茶原料商，其茶叶基地覆盖肯尼亚、印度、斯里兰卡等国，年产片茶14万吨以上。刘仁军在担任公司质量保证检测员以来，发挥技术业务强的特点，参与标准化管理体系建立，为供应商提供基地、生产线、生产体系管理等技术服务工作，及时解决茶加工技术难题和优化生产流程，帮助当地茶农和企业减少生产成本，在一定程度上促进贵州茶产业走向标准化、大规模、大市场发展，为贵州从茶叶大省走向茶叶强省作出了积极贡献。

贵州詹姆斯芬利茶业有限公司执行总裁帕里克说："刘仁军是我们思南团队组建初期的成员之一，主要负责质量方面的工作，这是公司和我们业务的关键职能。芬利产品远销全球，质量是第一要务，全球食品安全最关注的也是质量。所以刘仁军无疑是贵州团队的核心成员。刘仁军在芬利工作三年多了，他性格开朗，在工作团队中表现积极。他顾家，是个好父亲、好公民，是公司的优秀员工，更是其他员工学习的榜样。贵州詹姆斯芬利有刘仁军这样的员工，是公司的幸事。在我看来，刘仁军有着光明的前途，不只在芬利公司，在整个茶叶行业内也大有可为。我认为他是茶叶领域开拓创新、坚强奋斗的带头人。"

刘仁军的座右铭是："无论茶的苦涩甘甜，都永远是事业和追求。"如今他的目标就是把贵州茶产业做大、做丰富、做美丽。经过多年的努力奋斗，他先后在2015年、2016年贵州省手工制茶技能大赛青茶（乌龙茶）赛项，2017年全国茶叶加工职业技能竞赛，2018年"太极古茶杯"贵州省首届古树茶加工技能大赛中获得一等奖、优秀奖等奖项。曾荣获贵州省"贵州省技术能手""贵州省十佳优秀技术员""铜仁市五一劳动奖章""贵州省五一劳动奖章""全国五一劳动奖章"等称号。

在刘仁军的身上，人们理解了"奉献"二字的真正含义——每天最早到企业，最晚回家，用他的汗水和智慧做着光荣而平凡的工作。荣誉和成绩真实记录着他走过的历程，记录着他心系贵州茶产业、奉献一生的一片深情。但是，在成绩面前，他从不自满，他总是把成绩和荣誉作为新的起点，继续向新的更高的目标迈进，继续在贵州茶产业这片沃土上发挥自己的光和热。

刘仁军告诉笔者，获此殊荣是荣誉，也是一份责任，在以后的工作、生活中，一定大力发扬劳模工匠精神，努力拼搏奋斗、争创一流、勇攀高峰、加强学习、善于学习、不断提升自身的专业技术水平，为以茶振兴乡村多作贡献。

（引自：中工网，有改动）

八、大国工匠年度人物：郑志明

郑志明，男，汉族，中共党员，1977 年 5 月出生，广西柳江人，广西汽车集团装备制造技师、首席专家。他从事钳工 21 年，技术炉火纯青，利用手工锉削可将零件尺寸控制在 0.005 毫米以内，手工划线钻孔，孔距误差可控制在 0.05 毫米以内。2014 年以郑志明命名的"国家级技能大师工作室"挂牌成立，至今共完成工艺装备自主研制项目 294 项，交付使用工艺、工程装备共 496 台套，为公司创造了很大效益。他先后获国家发明型和实用型专利各一项，多项成果获广西先进工艺装备及先进设备改造评比一、二、三等奖。曾获"国家级技能大师""国务院政府特殊津贴专家""全国技术能手""广西劳动模范"等称号。

痴迷创新，填补行业空白

2017 年，广西汽车集团车桥厂需要制造一条后桥壳自动化焊接生产线。该生产线由气密性检测、液压调直、机加工、机器人工作站、环焊专机等多种复杂设备组成。要求新生产线自动化程度达到 80% 以上，比原生产线减少操作岗位 40% 以上。

郑志明经过与团队多次评审、优化、讨论、验证，最终拿出自动化生产线的整体数模和方案，顺利完成这项艰巨的任务。该项目实施后可以基本实现全线自动化生产汽车后桥壳，投产后，产量保持不变的情况下，整线每年可以节约人工成本 30 万元。目前该线是国内唯一一条国内自主研发的微型汽车后桥壳自动化焊接生产线，填补国内自动化后桥壳焊接生产线空白。

"炼"成全能工匠，发挥榜样力量

1997 年，郑志明从职高毕业，进入广西汽车集团有限公司成为一名钳工学徒。

学徒时期，他每天早出晚归，在生产一线磨炼技能。日复一日刻苦练习，他的技能已经炉火纯青。职高毕业的郑志明还挤出时间自学了 UG 三维建模技术、数控编程，并开始在机器人设计制造领域探索，成为自动化技术领域小有名气的"专家"。

得知郑志明荣获"大国工匠"称号，公司上下都很高兴。从"柳州工匠""广西工匠"到"大国工匠"，郑志明每一次获奖，对工友来说都是激励和鼓舞，郑志明的徒弟更感自豪。

郑志明把培养人才作为自己的一项重要使命，毫无保留地把"独门秘籍"传授给徒弟——先后带出高级技工、技师、高级技师、公司特聘专家等 50 余人。2014 年，以郑志明名字命名的国家级技能大师工作室成立。他带领团队先后自主研制完成工艺装备 900 多项，参与设计制造自动化生产线 10 余条。

"我们只有不断学习各种技能，掌握更多先进的技术，才能与这个时代同行，推动中国的智能制造走向世界。"郑志明说。

好政策支持，技术工人有广阔舞台

近些年，广西不断深化产业工人队伍建设改革，创新产业工人培养模式，畅通产业工人成长成才通道。

郑志明表示，现在全社会都在弘扬劳模精神、劳动精神和工匠精神，很多工友都觉得很有奔头。近 10 年，郑志明所在公司发挥技能大师工作室等平台作用，培养了近 1500 名高级技能人才。

"感谢国家的好政策，我们工人现在也能评工程师和高级工程师了。"郑志明告诉记者，他走的是技能等级路线，目前是高级工程师，去年参加党的二十大前刚评上特级技师。

郑志明清楚地认识到，要打造一支知识型、技能型、创新型劳动者大军，"大国工匠"必须发挥好自身的引领、示范和带动作用，培育出更多优秀技术人才。

心中有梦想，脚下有力量。从普通钳工到智能装备研发专家，郑志明在平凡的岗位上，和中国制造一同阔步前行。

（引自：中工网，有改动）

九、大国工匠年度人物：周琦炜

在大型客机总装现场，面对如蛛网般密集的电缆分布，布线、端接、组装，一干就是数小时……历经 16 年的航电系统装配工作，周琦炜对 C919 飞机上近 7 万根电缆的装配了如指掌，也淬炼出了一颗精益求精的匠心。

从学徒工到班组长

2006 年 5 月，ARJ21 飞机项目转入全面试制阶段，刚满 20 岁的周琦炜毕业来到了中国商飞上海飞机制造有限公司，成为 ARJ21 生产线上的一名电气装配工，直接面对的，就是首架 ARJ21 飞机的总装。

航空制造业被称为"现代工业之花"，大飞机是现代工业制造业领域高端设备的集大成者，被誉为"工业皇冠上的明珠"。然而由于空间限制等原因，飞机电传信号所需要用到的电缆和电气组件，都需要手工装配完成。师从当时的飞机特设系统总工段长卢扣章，周琦炜需要面对的是数不清的电缆、接头、控制器。

入职三年，周琦炜以一个普通电缆操作工的身份，参与完成了 ARJ21 四架飞机的系统总装。2008 年首架 ARJ21 首飞后，周琦炜跟随外场团队来到西安阎良，参与试飞保障与测试，与 ARJ21 飞机共同经历了高温高湿、自然结冰、高寒、大侧风等各种极端条件的考验，飞机在挑战极限，他也在快速成长。

2014 年，周琦炜回到了上海的总装生产线，成为一名班组长，而此时的中国商飞上海飞机制造有限公司也已经开始把研制重心延伸向 C919 项目。9 月 19 日，在东海之畔的浦东基地，首架机正式开始机体对接，周琦炜感觉到，更大的舞台正向他"招手"。

7 万多根电缆分毫不差

据统计，C919 全机共有 700 多束航空电缆，以根来计算的话有 7 万多根，分布在飞机机头、机身、机翼、尾翼等全机各个区域，总长加起来近 100 公里。而被称作"C919 血管神经系统建造师"的周琦炜的工作，就是带领团队，把它们分毫不差地安装起来，确保经络通畅。

周琦炜身手灵活，加上多年外场实战经验，车间把 C919 飞机的电气装配和全机电缆导通工作任务交给了他。在工作中，他和团队成员或站着或蹲着，有时候还要跪着、趴着，各种姿势一做就是一天。"每根线都有唯一编号。看上去可能一样的线，里面其实有多种规格；就算简单的一个剥线操作，不同的线用的工具也不一样。"在周琦炜所在工位的工具箱内，各种工具琳琅满目，而他是使用这些工具的高手，"手感"的形成，背后是他成千上万次重复而形成的"肌肉记忆"。

手上功夫源自"肯动脑"

2017 年，只因一句"C919 不首飞不刮胡子"，周琦炜成了众人口中的"大胡子"。全新的飞机、全新的装配模式，纸质图纸也升级为三维数模，周琦炜快速学习软件的使用、数模的分析。为了更快更精准，他干脆住进了公司，这一住就是小半年，平常到晚上 11 点才离开车间。

"作为工段长就必须熟悉所有的内容，做好工作计划。"从机头、机身、机翼到货舱、尾舱等区域，周琦炜对 C919 飞机 7 万根电缆的排布非常熟悉，"如一根线从驾驶舱走到电子设备舱，怎么走、通过哪些区域、要注意些什么，自己心中有数。"首架 C919 飞机，周琦炜带领班组用 3 个半月完成了系统装配及排故、上电测试等全机导通工作。而到了第二架机，他把班组所有的装配大纲梳理了一遍，优化装配流程，多环节交叉作业，不到 3 个月就完成所有装配工作，后续架次更是不断优化缩短时间。

"一线人员作业不光要会做，还要想明白为什么这么做，要'带脑'工作。"周琦炜不断精进工艺，挑战"疑难杂症"，在单位立起技术标杆。在他带领下，单位成员团结一致、躬耕技艺，由他牵头制定的《连接器端接组装标准工作法》《电器穿墙件安装标准工作法》等十余部标准作业法，弥补了国内喷气式飞机电气系统安装调试实操的空白，从根本上提升了电气系统安装的质量和效率。

（引自：中工网，有改动）